大学生教育管理研究

励 业 ◎ 著

吉林出版集团股份有限公司

图书在版编目（CIP）数据

大学生教育管理研究 / 励业著． — 长春：吉林出版集团股份有限公司，2023.4
　ISBN 978-7-5731-3069-3

　Ⅰ．①大… Ⅱ．①励… Ⅲ．①大学生－教育管理－研究 Ⅳ．①G647

中国国家版本馆CIP数据核字（2023）第045664号

大学生教育管理研究

DAXUESHENG JIAOYU GUANLI YANJIU

著　　者　励　业
责任编辑　曲珊珊
封面设计　林　吉
开　　本　787mm×1092mm　　1/16
字　　数　233 千
印　　张　10.75
版　　次　2023 年 4 月第 1 版
印　　次　2024 年 1 月第 1 次印刷
出版发行　吉林出版集团股份有限公司
电　　话　总编办：010-63109269
　　　　　发行部：010-63109269
印　　刷　廊坊市广阳区九洲印刷厂

ISBN 978-7-5731-3069-3　　　　　　　　　　　定价：78.00 元

版权所有　　侵权必究

前　言

目前，我国已成为世界上高等教育在学人数最多的国家。如何树立以提高质量为核心的高等教育发展观，全面提高高校人才培养质量、科学研究水平、社会服务能力和文化传承创新能力；如何树立与高等教育大众化相适应的高等教育质量观，实施重大发展项目，既着力培养拔尖创新人才，又培养大量应用型、复合型、技能型人才；如何提高高等教育国际化水平、提高高等教育管理水平，推动高等教育质量全面提高等诸多新情况、新问题为新形势下高等教育发展提出了新挑战。

近年来，随着我国社会主义市场经济的发展与社会改革的推进，我国高等教育管理工作也面临着新的挑战。在传统的高等教育管理体制中，高度集中、统一的行政化管理理念和管理模式已经无法适应高等教育形势的新变化，成了阻碍高等教育进一步发展的主要因素。所以，转变高等教育管理方式，建立新的管理理念和管理模式，研究新时期高校教育管理具有重要的理论与现实意义，是高等教育在未来谋求长足发展及内涵提升的必经之路。

本书在写作过程中，由于作者水平有限，加之时间紧促，书中存在的错误和不足之处，敬请广大读者批评指正。

励　业

2022 年 10 月

目 录

第一章 大学生教育管理的本质……………………………………………………1
- 第一节 大学生教育管理的基本概念………………………………………1
- 第二节 大学生教育管理的特点……………………………………………6

第二章 大学生教育管理功能及现状………………………………………………10
- 第一节 规划与组织功能……………………………………………………10
- 第二节 控制与协调功能……………………………………………………14
- 第三节 高校大学生教育管理现状…………………………………………24

第三章 我国高校学生管理体制……………………………………………………27
- 第一节 我国高校学生管理体制的发展趋势………………………………27
- 第二节 我国高校学生管理专业化取向体制………………………………31
- 第三节 我国高校学生管理人本化取向体制………………………………35

第四章 高校既有的学生管理模式分析……………………………………………45
- 第一节 高校制度化与人性化管理模式……………………………………45
- 第二节 高校温情化管理模式………………………………………………47

第五章 高校大学生学习理论研究…………………………………………………50
- 第一节 大学学习的特点和基本原则………………………………………50
- 第二节 大学生大课堂学习…………………………………………………57
- 第三节 大学的第二课堂学习………………………………………………62

第六章 高校学生管理创新理论分析………………………………………………75
- 第一节 融入开放性的思想…………………………………………………75
- 第二节 提升教育服务意识…………………………………………………77
- 第三节 创新管理方式………………………………………………………84
- 第四节 坚持"以人为本"的理念……………………………………………88
- 第五节 "以人为本"的高校学生管理模式…………………………………93
- 第六节 目标设置理论下的高校学生管理模式……………………………100

第七章 新生代大学生的教育管理策略 105
第一节 更新大学生教育管理理念 105
第二节 创新大学生教育管理方法 112
第三节 拓展大学生教育管理途径 119
第四节 提升高等院校教育管理主体素质 129
第五节 激发学生个体的主体自觉性 132
第六节 管教结合，促进大学生个性发展 139

第八章 "互联网+"时代高校学生管理创新路径 145
第一节 大数据时代高校学生管理模式 145
第二节 有效利用网络 157

参考文献 165

第一章 大学生教育管理的本质

第一节 大学生教育管理的基本概念

一、管理的一般概念

管理一般是指在特定的环境下,对组织所拥有的资源进行有效的计划、组织、领导和控制,以便完成既定的组织目标的过程。管理是人们依据社会发展的客观规律和在特定历史条件下有意识地调节社会系统内外的各种关系和分配资源,以便达到既定的系统目标的过程。很显然,这两个方面的表述并不矛盾,只是表述的方式稍有差别而已。前面的表述直接一些,比较简练直观;后面的从社会系统的角度和方法进行表述,比较宏观。

其含义包括以下三方面:

(一)管理是为实现组织目标服务的,是一个有意识、有目的的活动过程

管理是任何组织不可或缺的,但绝不是孤立存在的。只要有组织及其活动,就存在管理问题。就管理本身而言,管理不具有自己的目标,不存在为管理而管理现象,没有活动也就不存在管理问题,管理是依附于活动而存在的,组织活动的目标就是管理的目标,而管理是服务于组织目标的。

(二)管理活动是通过一系列相互关联的资源要素进行的

管理工作就是综合运用组织中的各种资源要素,通过计划、组织、控制等来实现组织目标,以便于达到活动的目的、效果,这就成为管理的基本职能。

(三)从管理本身来讲,管理活动应该按照自己的规律进行

管理活动应该按照自己的规律进行,但现实管理活动中的资源并不是孤立存在的,管理工作是在一定环境条件下进行的,管理是一种社会活动,有效的管理必须充分考虑组织所处的特定环境。

"一般管理理论"最早诞生在法国。当泰勒及其追随者正在美国研究和倡导生产作业

现场的科学管理原理和方法的时候，大西洋彼岸的法国发布了组织管理的理论，被后人称为"一般管理理论"或者"组织管理理论"。与泰勒主要研究基层作业的管理理论不同的是，"一般管理理论"是站在高层管理者的角度研究组织管理问题，在此基础上，现代管理理论的研究发展中很快形成了许多管理的经典理论和理论体系。根据研究管理的对象不同，可分为广义的管理和狭义的管理。广义的管理可以是针对大自然中的万事万物的管理，狭义的管理只是针对某项具体活动，以及活动中的资源所进行的计划、组织、领导、控制。一般我们研究的管理是指狭义的管理，是指组织的管理、行为的管理、活动的管理。活动的结果，实际上是人的能动性的结果，管理的实质是人，是管理者与被管理者之间发生的矛盾的解决。既然这样，那么，管理就是管理者、被管理者、事项三方形成的特定的活动。

对于管理的分类，现代管理一般可以从多方面来进行划分：一是从活动的规模大小划分，可以分为宏观管理和微观管理。二是从具体活动的内容划分，可以分为综合管理和专项管理。另外，从管理的形式上划分，又可以分为紧密管理和松散管理。当然，这些区分也都只是相对的。

二、管理的基本理论

管理的基本理论是很多的，特别是随着现代社会的发展、人们的认识水平的不断提高、社会活动的不断丰富、社会财富与利益驱动机制更加强烈，管理理论在创新、在发展。而系统管理理论、人本管理理论、目标管理理论、标准化管理理论、组织管理理论、模糊管理理论、混合管理理论等只是众多管理理论中的一部分，它们既是管理的理论，也是管理的思想和方法。

（一）系统管理理论

系统管理理论指出，管理的任务就是协调好系统中的各个子系统以及系统要素，以保持系统的动态平衡，取得系统最佳运行效果。这种管理理论及其方法的核心是把管理作为一个整体的系统，系统就要有系统要素，系统要素就是人、物、活动及其项目。这种管理理论和方法一般应用于大的军事战略、建设工程、大型活动（内容复杂、组织规模大、投入量大、长时间与长周期）较为合适，当然，这些也只是相对的，因为大和小本身就是相对的。

（二）人本管理理论

人本管理理论和方法是以人为中心的管理，实际上，这种管理理论与方法是最难以做好的，如果把握不好，甚至有时候还会出现偏颇。有效的人本管理实质是人的权力的利用和利益的分配，在这一过程中，既要尊重人，又要让人的潜能充分发挥出来，是一对很特殊的矛盾。以人为本的管理目的就是发掘人的最大潜能，这种潜能并不完全是指被管理者的，同时也包括管理者。管理者的潜能是工作的积极性和表现出来的工作效益，被管理者的潜能是管理者的思想和艺术施加结果的体现，二者的结合才能达到管理的最大效果。人本管理理论虽然是一个相对比较早的管理理论，但是在实践中应用得并不好。究其原因，传统的、单纯的人本管理理论十分强调管理的人的素质，可以说，低素质的人是绝对运用不好人本管理理论的，一个管不好自己的人同样也是管理不好别人的，更不用说有效地运用好人本管理理论。不过，现代的人本管理理论加入了一些新的元素，在人本管理中加入制度管理，形成了一种新的意义上的人本管理理论。

（三）目标管理理论

目标管理理论和方法是一种与利益相关联的刚性管理模式。这种管理理论和方法实际上是与价值理论密切相关的，甚至可以说是以价值理论为基础的。要有一个预先设置的价值目标，然后以这种价值目标的实现为核心而展开管理活动。价值目标的认同是关键，是目标管理的前提。价值目标的确立也是十分重要的，价值目标必须通过全体成员认同来确立，目标管理理论强调组织目标的制定要得到所有组织成员的认同，没有认同感的组织目标是不切实际的目标，是难以达到的。有人说目标管理只是注重结果，这是十分错误的，最新的目标管理理论不仅仅是注重管理活动的一头一尾，而是除了最先确定价值目标，最终对是否完成价值目标进行检验外，还对实施过程进行严格的监督，让目标按既定的方向完成，不要等到问题成了堆，最后导致一个很糟糕的结果。既成事实不是目标管理的目的，要让管理者与被管理者通过共同的努力，一步一步向既定目标靠近。实现以价值目标为中心而组织的目标管理活动，是一种刚性的量化管理，因此执行也是刚性的。目标管理理论除了注重价值目标外，具体的应用还有一个公平理论问题，这是由目标管理理论的刚性所决定的。

（四）标准化管理理论

这种管理理论和方法是在专业化管理的基础上，由管理者组织专家制定管理的标准，要通过一定的法律法规程序予以确定。这种管理的思想十分明确，最朴素的道理就是"没有规矩不成方圆"。标准化管理虽然是组织和专家行为，但标准并不是武断绝对的和空穴来风的，既要有权威性，又要有社会基础和群众基础，通过科学的过程来制定。在这一过程中有两个十分重要的环节,一个是标准的制定,另一个是标准的执行。第二个环节是标准化管理的重点,有时候可能还是成败的关键。在管理活动中,有了标准不好好执行,或者执行起来偏离,必将导致标准化管理的全面失败。当然,这不是标准化管理本身的问题,是实施标准化管理的实践问题。

(五)组织管理理论

组织管理理论和方法的实质是最高决策层通过设置管理的各级组织,规定各级组织的职能,通过领导核心、组织授权、组织实施等进行的管理。组织管理的重点是组织结构的设计,关键是组织职能的授权;同时,也有人把它归纳为组织的层级管理理论、组织的能级管理理论、组织的行为管理理论。组织管理理论要有严密的组织结构,要有明确的组织目标和组织功能,同时,要有一套有效的组织运作机制,否则,再好的科学组织、再完善的组织功能,没有好的运作机制也不可能有效运行起来,甚至会导致组织管理活动不能有效地展开。

(六)模糊管理理论

这是一种现代的管理思想和方法,特别是在软管理方面,运用模糊数学的管理思想与技术进行管理。这是一种在高层次的人群中实施的行为管理,是一种软性管理。简单管理没有必要运用模糊管理理念,它一般是在复杂的、庞大的、中长周期的、高智商的管理活动中实施。

(七)混合管理理论

实际上,我们通常的组织活动中,特别是比较大的组织系统中,运用得比较多的是混合管理模式。混合管理是多种管理思想和方法的组合。在大型组织中,管理的内容比较复杂多样,头绪又很多,多种活动项目的性质差距较大,运用某一种方式来进行全盘的统领往往是不可能的,这就需要运用混合管理的理论和方法来完成。

三、大学生教育管理概念

大学生教育管理是根据高等教育的目的和发展规律,调配高等教育资源,调解高等教育系统内外的各种关系,进行有效的计划、组织、领导和控制,以便达到既定的高等教育系统目标的过程。这是通常阐释的大学生教育管理的定义。

从教育管理的层面上讲,高等教育是中等教育基础之上的教育,因此,它是指高等教育这一特殊的专业层面上的管理。

从管理的分类上讲，也可以分为宏观大学生教育管理和微观大学生教育管理。

从管理的内容上讲，可以分为宏观大学生教育管理中的战略规划管理、宏观调控管理，微观大学生教育管理中的教育组织内部的具体的教育管理活动。

从定义分析，大学生教育管理具有下述三层含义：

（一）大学生教育管理的依据

大学生教育管理的概念首先指明了大学生教育管理活动的依据是高等教育的目的和发展规律。高等教育的目的是为社会提供各级各类的高级专门人才。各级各类高级专门人才的教育是指：在类别上为普通高等教育、成人高等教育；在性质上为公办高等教育、民办高等教育；在层次上为专科教育、本科教育、研究生教育。这些教育的目的和目标是管理的根本依据。高等教育受到学生身心发展的影响，通过德育、智育、体育、美育等过程，培养全面发展的人。只有把人作为社会关系的总和来看待，才能对人的发展有全面的理解。因此，各级各类教育过程都有其自身的客观内在规律，只有正确认识并掌握它们的客观规律，才能实施科学的管理。高等教育受到一定社会的经济、政治、文化制约，并为一定的经济、政治、文化发展服务。因此，生产力和科学技术的发展水平、社会的制度、文化传统都对高等教育活动产生制约。无论是国家宏观的高等教育发展政策的制定，还是高等学校培养人才的过程，都必须遵循高等教育的目的和高等教育发展的客观规律，这也是大学生教育管理的出发点。

（二）大学生教育管理的任务

大学生教育管理的概念指出了大学生教育管理的任务，这就是有意识地调解高等教育系统内外各种关系和高等教育资源，以适应高等教育系统发展的客观规律。从一个国家或者地区层面来讲，高等教育系统是国家或者地区社会系统中的一个子系统；从高等教育组织系统来讲，高等学校也是一个社会子系统。由于系统中存在着多种矛盾，因此，大学生教育管理的任务就是协调并最终解决系统中存在的矛盾。在大学生教育管理中，要用系统论的眼界来设计高等教育的整体和各部分之间、要素与要素之间、学校系统与外部环境之间、学校系统内部的子系统之间的相互关系，树立整体的观念，并通过有效的管理实现系统要素间的整体优化。

（三）大学生教育管理的目的

大学生教育管理的概念还指明了大学生教育管理的结果是不断促成高等教育系统目标的实现。大学生教育管理的目的最终也只是高等教育目的的一种辅助性（工具性）目的。

在高等教育系统中，培养人是高等教育的根本目的，高等教育系统的一切工作（包括管理工作）都必须围绕这一目的展开。对高等教育系统中各种关系和资源的协调构成了大学生教育管理的目的，它的目的是通过有效的管理，确保高等教育实质性目的的实现。因此，大学生教育管理最终也只能是手段。当然，由于大学生教育管理有其自身的需要，其自身也有目的，如效率就是管理的目的之一，但它是通过有效的管理来保证高等教育目的有效实现的。综上所述，不论是宏观的大学生教育管理，还是微观的大学生教育管理，所依据的都是国家的教育方针，组织的发展目标，高等教育的基本规律，社会政治、经济、文化的发展背景与环境，通过立法、行政、经济、市场等手段进行协调和控制，保证高等教育人才培养质量、推动科学文化知识创新进程、促进社会进步等目标的实现，最终实现高等教育的可持续发展。

第二节　大学生教育管理的特点

事物之间的区别就在于它们的特殊性。了解了大学生教育管理的特点，我们就能遵循它的本质规律，有针对性地协调管理活动中的各种矛盾，条理清晰地处理各种管理活动。

一、大学生教育管理目标的特殊性

高等教育系统目标的特殊性决定了大学生教育管理目标的特殊性。高等教育系统的主要目标是根据高等教育的功能来确定的，因此，对管理的功能与目标相应地提出了它的特定要求。大学生教育管理的功能就是要通过计划、组织、协调、控制等使高等教育更加符合社会发展的要求，符合社会生产力的要求，这种要求表现为教育的层次、结构、规模、质量等方面的目标。另外，在微观方面，大学生教育管理要使组织中的每个成员都按高等教育规律办事，更好地完成既定的目标。高等教育系统的目标是根据高等教育规律和社会发展对高等教育的需求来制定的，所以，高等教育系统的协调活动也应该以高等教育的规律为指导，而不能简单地照抄企业管理中的某些方式方法。从这个意义上说，高等教育的微观管理是以更好地培养人才并且着眼于提高人才的质量为根本目标的管理活动，它不能、也无法以只追求经济效益为目标，更不能以只追求高利润为目的。与行政管理、企业管理等其他管理所不同的是，如何将社会效益和经济效益有机地结合，纳入到大学生教育管理的目标中，正确地处理好社会效益与经济效益的关系，是大学生教育管理工作者值得研究的，这也正反映了大学生教育管理目标的特殊性。

大学生教育管理具有两个最基本的目标功能：一是尽其所能地将系统内的各种关系和资源凝聚起来，形成一个整体，这也就是管理的"维系"功能。二是最大限度地围绕系统的整体目标，发挥要素的主动性、积极性，更好地实现高等教育系统的整体目标，这也就是管理的"结合"功能或"放大"功能。高等教育系统是由有关教育行政机关和各级各类高等学校所组成的系统，它的结构与功能与其他社会系统有所不同。高等教育在同其他社会系统进行物质、能量和信息交换的过程中，在为社会提供精神产品的同时，也提供物质产品，这种物质产品表现在劳动力方面、科学技术成果方面、现代文明与文化产品方面，也可能形成工业产品。高等教育系统是最具创造力的社会系统，通过各成员、各要素主观能动性的发挥，可以最大限度地得到系统大于部分功能之和的效果。但反过来，如果教育者及教育资源中的人的主观能动性发挥不好，这比其他任何社会系统都更有可能制约生产力的发展。所以，大学生教育管理者要充分认识到这两大功能的特殊性，并注意将此二者有机地结合起来，用凝聚力提高整体的结合力，用系统的发展加强整体的凝聚力。

二、大学生教育管理资源的特殊性

不论是宏观大学生教育管理还是微观大学生教育管理，大学生教育管理资源要素的特殊性具体表现在以下三方面。第一，这是由一群高级知识分子组成的特殊的群体，组织及其成员的特殊性就构成了要素的特殊性。从高等学校管理的主体和客体来看，即从管理者和管理对象两方面看，组成高等教育系统的主体要素之一是教师，是创造和掌握专门知识的群体。因此，对他们的管理要符合这一群体的心理活动和以个人脑力劳动为主的集体性活动的特征。另外一个高等教育系统的主体性成员之一是学生，是一群18岁以上、受过中等教育的青年，对他们的管理和协调方式要符合他们身心发展阶段的特殊性。正是由于高等教育系统组成人员的特殊性，管理中存在着一种特殊的管理现象，这种现象强调和要求自我管理。应该说，自我管理是任何管理中都存在的一种现象，但是，在大学生教育管理中，自我管理尤为重要，它是一种身心和智力同时发展的自我管理，他们需要学到或养成具有自我管理、自我组织、自我发展的能力。他们的心理特征也表明，在教育过程中，完全有必要让其发挥自我组织管理能力，更好地促进其发展。所以，管理对象是大学生教育管理要素中最重要的特点。第二，教育投资与经费的管理是一项复杂的工作，因为它的用途是复杂的，有时候还不能用绝对的量化管理来处理，有时候投入产出不能在短期内就见到成效，经济回报率可能很低，这就是高等教育的经费管理有别于企业管理、行政管理、经济管理等的特殊性。第三，教学与科研的物资设备的管理特殊性，表现为这类资源不完全是生产性资源，这些物资设备是建立在教学科研功能上的，是为了完成教育教学实验实习、科学研究开发或采购的，它不仅仅是一套设备，还是一个教学实验和科学研究的基本平台。

高等教育资源的特殊性构成了大学生教育管理的特殊性。高等教育资源是指整个社会用于教育领域中的人力、物力和财力以及知识产品、文化产品等的总和，有效的、可利用资源是指高等教育的主办者对高等教育的投入所形成的资源，主要表现在经费投资方面。社会用于教育资源的来源又与社会中的区域发展相关联，与政府对教育的投资相关联。教育是一种事业投资，但是它又不仅仅是纯粹的事业投资，因为它的投资对象决定了教育不可能是完全的事业投资，事业投资的对象主要是公共事业，公共事业是针对大众的，基本上所有的民众都可以享受到。而高等教育的对象群体不是单纯的享受公共事业的群体，毕竟当高等教育还没有达到普及的时候，高等教育就不可能是一种完全的事业行为。虽然高等教育的结果回报了社会，但是受教育者只是整个社会群体中的一部分。那么，为什么不能全面普及高等教育？这是由高等教育资源的有限性决定的，这些资源又受到整个社会政治经济发展的制约。所以，从一方面讲，高等教育的投入来自政府、学生家长、学校自身和社会的多方融资，这构成了投资的特殊性，这也就决定了高等教育资源的特殊性。马克思指出："要改变一般的人的本性，使他获得一定劳动部门的技能和技巧，成为发达的和专门的劳动力，就要有一定的教育或训练，而这就得花费或多或少的商品等价物。"[①] 要进行教育活动，首先需要从社会的总劳动力中抽出一部分劳动力，这就是从事教育的劳动者和进入劳动年龄的受教育者，他们要消耗一定的学习资源、生活资源，还必须有一定的物质技术条件，如校舍、图书、仪器设备等。高等教育财力资源不是自然资源，有些也不是通过生产方式就可以生产制造出来的，而是要经过长时间打造和培育出来的，随着社会的发展与需求逐步形成的。在满足了人的再生产以及所需要的物质再生产以后，社会所能用于教育的资源就很有限了，难于满足社会和个人对教育的需求，这也是教育管理中的一对特殊矛盾。因此，如何去获得更多的教育资源，如何有效地使用稀少的教育资源，就成为社会领域和教育领域共同关心的问题。高等教育资源投资的特殊性构成大学生教育管理资源的特殊性就不言而喻了。

---

① 马克思，恩格斯. 马克思恩格斯全集（第32卷）[M]. 中共中央马克思、恩格斯、列宁、斯大林著作编译局，译. 北京：人民出版社，1974.

三、大学生教育管理活动的特殊性

从宏观大学生教育管理来看，高等教育事业具有很强的战略性、前瞻性。大学生教育管理活动整体的发展规划关乎长远的社会民生问题，需要许多专家系统来协助完成，活动的内容涉及民族文化、区域经济、人口发展、科学技术水平、社会环境等多方面。从微观大学生教育管理来看，大学生教育管理活动的特殊性体现在高等教育组织管理的活动中，最主要的表现特点之一就是要调节学术目标与其他目标之间的矛盾。学术目标是一种高智力投入和高智力劳动的追求，除了个体的高智力劳动外，同时还要强调高智力劳动的结合、高智力劳动者的团结协作。高等教育系统的主导性活动是传授知识、创造知识，高等教育所培养的各类专门人才和高等学校所提供的各种科技成果主要是通过学术水平和应用价值的高低来衡量的，管理活动的学术性十分强，而这种学术性不可以用一般行政性的方法进行管理。因此，学术目标的组织、协调、实现等是大学生教育管理活动中的特殊矛盾，这就要求大学生教育管理活动一定要重视学术这一特殊目标，使管理目标与学术目标相符合。高等教育组织中的教学活动是教与学的双边关系，高校师生是一个特殊的群体，在完成教学目标和管理目标的过程中，师生参与到具体的教学管理活动中，达到双边认知、相互认同，教学民主就显得更加重要。大学教职工是高等教育系统中能动的力量，是实现大学生教育管理目标的智慧源泉，要发挥他们的智慧和力量，学术自由是大学生教育管理必须考虑的问题。高等教育系统中实行学术民主将激发师生员工极大的能动性，使大家从信任中得到鼓舞，在学术自由这个平台上施展自己的才华，在学校的管理活动中真正成为中坚力量。

第二章 大学生教育管理功能及现状

第一节 规划与组织功能

规划是指对事物未来的发展进行目标预期和工作计划的整体设计。从宏观上来讲，规划功能是指大学生教育管理中的战略发展规划这一事物的有效作用；从微观大学生教育管理来讲，是指高等学校的事业发展规划的功用。规划是管理活动中首要的任务，因此，它的功能也是我们必须要弄清楚的。

这里的组织实际上是指项目与活动的规划出台后，具体进行的组织实施。通过科学合理的组织管理运作模式和运作机制，组织和调配相应的资源实施这一计划。组织实施是管理活动的方式方法的另外一个问题，这里主要围绕高等教育中的规划问题开展讨论。

一、高等教育规划的方法

根据高等教育的需求来自社会和个人两方面，以高等教育的需求为基础的规划方法亦相应地有两种：一是人力需求法，二是社会需求法。

（一）人力需求法

人力需求法是一种运用得较为广泛的规划方法。其基本假定是：经济发展依托于教育，高等教育提供促进经济增长所需的各种受过基本教育和训练的人力，经济各部门的劳动生产率投入与产出结构是可以预测的，每一种产出和劳动生产率的水平都与一种特定的职业结构相联系，每一职业都有最佳的教育结构，技能和教育之间存在对应关系，劳动力市场的过剩或短缺情况通过发展教育来协调。因此，必须首先借助于规划来预计通过高等教育培育人才的数量与质量，来确定社会需求的总量及各级各类人才的数量，指导高等教育机构来完成教育任务。人力需求法的基本原理是以社会经济发展对人力的需求为出发点来制订规划。具体来讲，通过了解国家在某一时期劳动力的职业与教育结构和产出水平之间存在的联系，来确定高等教育的质量与数量。例如，一般来讲，生产价值为100万美元的电动机需要50名大学毕业的工程师，如果想要提高生产值，增加到生产价值为150万美元的电动机,按照人力需求的方法,就需要再培养25名具有大学毕业水平的工程师。根据人力需求法原理,如果知道了任一未来年份经济部门每一职业所需人力数,每一职业现在人数,每年由于死亡、退休或离职等原因造成的每一职业的减员数,每年离开一种职业又进入另一种职业的人力流动数等几方面的数据,便可使规划期内每一年人力总数和每一职业的人力总数定量化。假定每一职业的人力仅与一种特定的教育相联系,那么,所有教育层次和所有学科的所需产出就可计算出来。在供应方面,如果具备规划内每一年现行教育制度期望的产出数据,便可计算出目标年每一职业所需补充人力数与实际可供应数之间的差额,据此可以调整和规划各个层次和学科的招生数和毕业生数。从经济与人力资源的平衡需求来预测和规划,应从如下几方面考虑:

1. 预测经济总产出

因为人力需求预测的目标是把教育与经济发展联系起来,所以,首先要预测目标年的经济总产出或预测基年与目标年之间的经济增长率。

2. 预测部门产出

将经济总产出分解为各个部门的产出,计算出国民生产总值在各经济部门的分布。这里的部门是指国家的行业管理部门。

3. 预测部门的劳动生产率

估算劳动生产率及基年与目标年之间劳动生产率的变化,把产出目标换算为人力需求。

4. 预测各部门的职业结构

把每一部门的劳动力分解为职业组,统计出职业组的需求结构。

5. 预测总职业结构

将全部部门同类职业所需人力相加,得到为实现经济产出目标所需的每一职业的人力数和综合职业结构。

6. 估计职业所需的教育层次和类型

估计每一职业所需的教育层次和类型或每一部门内每一职业所需的教育层次和类型。

7. 估算附加人力需求

根据受过教育的各级各类人力的现有储备,考虑计划期内离职和流动人力数,得出按教育水平表示的计划期内所需附加人力数。

8. 平衡人力供求

根据计划期每年的附加人力需求数和各级各类学生毕业情况,考虑毕业生的劳动参与率,规划每年各级各类学校的招生数。

（二）社会需求法

社会需求法是基于人力需求法，然后从整个社会的政治、经济、文化的发展来考虑的。对一个国家来讲，它不仅仅要考虑需求的个体、局部，更要考虑国家的整体，如地区、行业的需求，是更宏观层面的需求。社会需求法是一种常用的高等教育规划整合的方法，其思想是以个人对高等教育的需求为出发点，把高等教育个人的投资和消费规整成整体，并尽可能满足个人对高等教育的需求，以这种需求为基础制订高等教育整体规划。同时，社会需求法还要站在更高的角度，预测整个社会未来可能的需求。社会需求法是以个人的教育需求为基础的规划方法，这里的社会需求是一个集合概念，它把个人的决定集合起来。从另外一个角度来讲，社会需求法的基本原理是建立一个描述教育系统的模式，用学生从一级教育向另一级教育的流动来描述教育系统的活动，那么，人口预测是其基础，升级比例是其最重要的参数，结果是毕业生就业与社会的需求平衡。特别是当一个国家产生社会发展与教育之间的矛盾时，社会需求就会产生作用，极大地影响高等教育规划，并以此来预测和规划未来的高等教育。

二、宏观高等教育规划

宏观高等教育规划是国家及政府层面的规划，我们可以称之为战略性的规划和指导性的规划。这一层次上的规划有许多，我们主要分析有关事业发展类的规划。譬如，编制国家的高等教育事业发展规划主要有三方面的工作要做。

（一）提出规划的指导思想

规划要以国家关于高等教育发展的总方针和有关精神为指导思想，以国家教育事业发展的总规划为依据，贯彻科学发展观，加强统筹安排，控制高等学校设置的数量，提高高等学校质量，调整和优化高等学校布局结构。

（二）设计规划的内容

一是总结和分析前一个时期高等教育发展的整体情况：高等教育的需求与目标完成情况；高等教育资源结构布局情况；高等教育改革情况；高等教育经费情况，特别是高等学校的经费保证和财力支持情况；高等教育办学条件情况；高等教育资源的现状，包括数量分析和结构分析。二是提出今后一段时期高等教育发展的目标，根据上一时期目标完成情况，在充分考虑现有高等教育资源的前提下，提出今后一段时间高等教育的总体规划目标，如高等教育的发展规模、发展速度、高等教育的各种结构协调、教育层次的发展规划等。

三是高等教育经费财政保障。提出预算内教育经费增长的政策保障和具体措施，以此作为高等教育发展的前提。四是完成目标的步骤和措施。

（三）编制规划的程序和方法

地方高等教育事业发展规划相对于国家层面的规划有些区别，但总的格式没有大的差异。一般来讲，地方政府的高等教育事业发展规划应根据国家的有关文件精神和要求进行编制。规划主要是以党中央、国务院关于高等教育发展的总方针和教育部的有关精神为指导思想，以地方经济社会发展的总体规划和教育事业发展的总体规划为依据，加强统筹安排，控制高等教育发展的数量和规模，提高高等教育的质量，调整和优化本地区高等教育布局和结构。规划的内容也基本反映在四个方面。一是本地区前期高等教育发展的整体情况，除了发展的规模、结构、质量、速度外，还有前期本地区财政性支出对高等教育支持的情况、本地区办学条件的总体情况、本地区高等教育资源的现状分析（包括数量分析和结构分析）。二是根据本地区前期经济社会发展需要和今后高等教育发展的规划目标，在充分考虑现有高等教育资源尚可利用的剩余容量前提下，提出本地区今后高等教育发展的规划，此规划应包括高等教育的总体规划目标和各级各类分项目标。三是经费来源和财政保障，提出今后保证本地区高等教育经费预算内事业费年均水平比上一时期增长的政策保障和具体措施，以此作为本地区本期间高等教育发展的前提。四是完成规划的具体步骤与措施。同时，地方高等教育规划受国家的指导和控制，国家为了保证各地方各地区高等教育的协调发展，在确定地方高等教育规划的时候，提出审查意见，履行审批手续和程序，这体现了《高等教育法》中规定的国家对大学生教育管理是大学生教育管理体制所决定的。

三、高等学校事业发展规划

管理就是规划、组织、协调、控制。规划是管理的第一步，是否走好规划第一步关系到高等教育活动的方向目标是否清楚，发展思路是否清晰，工作要求是否明确，是否符合客观实际，措施是否合理得当，规划是否便于实施等。高等学校的规划是微观大学生教育管理的范畴，是微观高等教育规划。

四、规划功能分析

既然规划功能是指规划的效用，那么，规划的实质内容主要表现在两方面：一是规划中的目标的科学性，二是为达到目标所制订工作方案的可行性。规划是一种预期设计，结果也是预期的，实际上，真正的效用要通过结果来检验，规划中的目标的科学性和方案的可行性只是一种对过去的经验性的思想要求。目标的科学性主要指要求目标是通过一定的科学程序完成的，是通过各个层面及专家系统的作用来实现的，是经过了科学的研究与论证确定的。方案的可行性也是指完成目标的工作步骤和措施的客观性，方案的设计是否考虑到了各工作要素和客观环境条件，是否与这些因素有太大的冲突等。纵观一些教育的或者高等教育事业的发展规划历史，对比过去使我们感觉到，现在编制的规划越来越讲求实效，目标的确定越来越清晰，可定量可定性的时候一般是定量反映，而且这些量化指标和定性描述是许多人通过许多程序完成的。

第二节 控制与协调功能

大学生教育管理的实施过程很重要的一部分就是控制与协调。控制就是对组织运作及组织活动进行规范性干预，大都是制度性的、行政性的强制性干预。而协调除了有些是通过控制的手段外，更多的是用技术和软性的方法来解决管理活动中的问题和矛盾，包括通过管理艺术化解矛盾。这里我们主要研究控制的问题。

一、高等教育目标控制

（一）高等教育目标控制的必要性

高等教育目标的实现程度是衡量大学生教育管理效能的重要基准，也是高等教育控制的主要依据。高等教育目标又是相对社会对高等教育的需求而言的，是预设的推动预期高等教育目的实现的导向和标准，因此具有预见性特征。随着时间的推移及高等教育活动主、客观条件的变化，不论是宏观大学生教育管理还是微观大学生教育管理，对高等教育目标适时进行控制和校正都有其必然性。

同时，高等教育目标又深深地带有目标制定者对教育价值判断的印记（如对普通教育或学生个性应达到的结果的不同认同），而现实的教育目标的落实通常并不完全按照教育理论家或政治家的设想去进行。对于高等教育目标操作中出现的与理想之间的偏差自然也需要控制。

各教学和行政管理部门在贯彻和实施高等教育战略目标及和办学目的有关的计划、程序时，往往需要制定详尽的子目标。各子目标之间是相互关联的，它们之间的协调是重要的，也是困难的。人们往往会因各自不同的目的或利益而发生矛盾甚至冲突，尤其是在功利性色彩较为浓重的组织活动中，对各自目标的追求和竞争在很大程度上代替了对总目标的无条件服从。对于子目标执行过程中出现的种种偏离总目标的行为，需要有一定的制度和机制对其实行调控。

从历史来看，高等教育的发展要经历数量扩张与质量提高之间的矛盾。对数量目标或质量目标的侧重往往带有功利性目的。例如，服从于一定的政治目的（如教育机会均等），要以数量发展为保证。而从维护高等教育自身的学术地位来看，质量目标似乎应首先考虑。然而，数量发展并非没有限制。一方面，数量的过度扩张必然带来教育资源分配的紧张（尽管适当的数量规模有助于管理效益的提高）；另一方面，数量的增长也可能损及局部的质量。对于高等教育质量控制，除了数量因素外，系统内部已有的制度、管理人员的素质、师生之间的互动、学生的成绩、毕业生的受欢迎程度等都是质量控制中的重要内容。在此，我们拟从高等教育数量控制和质量控制两个方面简单探讨一下高等教育目标控制问题。

（二）高等教育数量目标控制

在对高等教育数量目标进行控制的过程中，有必要分清政府主管部门与学校两者的不同职能、权利及义务。

政府宏观调控职能，应包括以下几方面：

1. 向学校及时、准确发布人才需求信息（包括数量、层次、规格、专业、学科、地区需求等）。

2. 制订长远发展规划，对学校进行总体指导。

3. 依据学校的办学条件，合理核定招生总量规模。

4. 制定助力学校发展的方针、政策和措施，使学校的发展受到市场的影响不大，保持学校发展的相对稳定性。

5. 对学校进行定期评估，并把评估结果作为学校改善办学条件、决定能否享有或继续享有一定程度招生计划自主调节权的重要手段。

学校方面若要实行招生计划自主调节的职能，则应有以下保障条件：

1. 研究、制定学校发展的中长期发展方向、目标和总体规模，并经主管部门核定。

2. 对学校的教学质量、科研水平、产业发展、整体管理、办学条件等应承担相应的责任。

3. 在政府的宏观指导下，学校逐步建立自我发展、自我约束和自我调节的机制。

(三)高等教育质量目标控制

1. 高等教育的质量标准

将高等教育目标分解为数量目标和质量目标,这是从高等教育增长方式角度来划分的。高等教育目标还可以从高等教育功能的角度来考察。例如,随着社会的进步,高等教育活动正呈现多元性:保存和传播人类已有文明成果,培养和提高公民的素质;探求未知领域,发展科学技术和文化;满足社会对人才开发及科技开发、应用等方面的要求;大学直接参与社会经济建设,服务于社区和国家建设等。这些活动同时也构成了高等教育的目标体系。由于现代高等教育具有多方面的目标与功能,因而,衡量高等教育质量的标准也不是单一的。学术标准是其中十分重要的一条,但绝非唯一。除学术标准外,还有高等教育的"适切性"问题,即是否适应社会发展的需要,是否切合受教育者身心发展及其就业的需要等。一般而言,高等教育系统内部往往倾向于强调教学、科研的学术标准,强调学科、专业的内在逻辑和科学性,而社会(包括用人单位、学生、学生家长等)更多地关注高等教育活动对现实的适切性、实用性。例如,学校的课程设置、教学内容是否有利于日后就业;在缴费上学的条件下,对入学的投入能否保证得到更大的回报;高等学校的科研是否能向企业提供新产品、新工艺,从而给企业带来可观的经济效益。在理想状态下,高等教育质量应兼顾学术、社会需求、受教育者意愿和能力等多方面因素。在对高等学校的质量评估标准中,专家们也力图全面反映这些因素。

在实际操作中,诸因素兼顾是困难的。但是如果我们根据不同的质量标准(尤其是学术标准),将高等学校做适度分级,思路可能会变得清晰些。同一课程在不同性质学校的专业里,其学术性程度是不同的,故而衡量这门课程的质量标准自然也不同。例如,工科教育中的数学课和理科教育中的数学课是不一样的,前者强调数学作为一门工具性课程的实用价值,而后者十分注重数学课的逻辑性、探索性。推而广之,每所学校根据不同的功能定位,其学术水平的要求可以有差异,每一层次的学校可以在同类中进行竞争,并进一步进入更高层次的学校行列。正如美国学者伯顿所说:"高等学校的分级制度可以而且往往是质量控制的一种管理形式。它利用公众舆论和院校评议两种手段,根据觉察到的能力给各校以应有的地位、尊重和待遇。"[①]

高等教育的质量标准没有统一,宏观的质量标准反映在适应度上,主要是指高等教育与社会经济发展的适应度,科学技术与科学文化知识创新水平、培养的人力资源的数量与

---

① 王承绪,徐辉.战后英国教育研究[M].南昌:江西教育出版社,1992.

质量是高等教育适应度的主要内容。高等教育组织办学的质量标准正在探索和完善，特别是综合考察学校办学的质量、水平、效益等，已经逐步成为高等教育质量标准的主要内容。目前我国评价大学质量标准方面的研究有些进展，但是在教学与学术方面，还无法完全评价学校的整体质量。

2.高等教育质量控制手段

从时间上看，高等教育质量控制可分三类。

（1）前馈控制

前馈控制的主要内容是指对高等教育质量设置的过程进行控制，对高等教育质量运行的方案设计进行控制，尽量避免出现问题。

（2）过程控制

关注高等教育质量活动过程与高等教育目标的契合程度。在高等教育运行中，不断设置一些中期评价的行为，以对出现的问题做出诊断，对运行中的方法进行调整改变，使运行过程不至在偏离目标太远的时候才去采取校正措施，最大限度地保证高等教育质量。

（3）反馈控制

反馈控制绝不是活动全部结束了，通过对活动的结果进行信息反馈来加以控制。反馈控制仍然是在管理活动的过程中，对于某项活动的运行状况随时进行信息反馈和控制，当然，这一活动一定是指一个有结论的过程，对于没有按照规定的目标和要求而出现的情况进行调控。当然，终结反馈也是必要的，终结反馈的结果是只能对下一个循环进行调控。要注意反馈信息渠道的正常与多元，避免错误反馈。通过建立专业性鉴定委员会等方式加强反馈信息的权威性，不应将事后的质量评估视为工作的终了，而应积极地为新一轮工作、活动提供质量控制及工作改进的建议。

高等教育的质量控制还有评估、标准化质量管理等其他控制手段。

二、高等教育行为控制

规范高等教育的行为是大学生教育管理控制功能的首要任务。

任何管理活动都是人的活动行为，不论是宏观管理还是微观管理，行为控制也许是管理活动中最复杂的课题。一是人的行为很难精确预测，因而很难判定它与目标究竟有多大程度的偏差。二是人类对行为规律的了解还很肤浅。几十年来，随着心理学和行为科学的发展，不少学者对行为控制问题做了较深入的探讨。从事高等教育活动的人是由多个个体组成的人群，因此人群的行为规范就显得更为重要了。

(一) 高等教育组织行为的管理

从微观大学生教育管理来看，高等教育领域的教学与科研活动属于高智力型。高等学校的教师和学生致力于知识的探索与传播，他们在实现高等教育目标的活动中的各种行为有别于其他社会组织。不过，普通的组织行为管理技术对于高等教育系统中的行为控制仍然是很有价值的。它立足于人的行为和环境的相互作用，试图通过对环境条件的控制以实现对人的行为控制，从而促使人的行为向预期的方向发展。它通过强化满足条件，得到预期结果以改进行为，根据具体的人处理各种预期的结果，及时提供程序性的行为规范。在大学生教育管理中，要帮助高等教育系统的成员形成良好的职业行为，就需要为他们创造条件，也需要强化某些满足条件得到预期结果。例如，只有按照一名校长应做到的行为规范与行为要求来挑选校长，并为他履行校长职责创造各种条件，才有可能得到预期结果。

(二) 组织行为的修正

组织行为的修正主要针对那些与完成工作任务不一致或不协调的行为，因为它们不仅会影响组织目标的实现，而且还会导致组织的功能障碍，威胁到组织的生存。组织行为修正技术包括以下五个环节：

第一，鉴别与工作有关的行为事件。和组织行为管理技术一样，它特别重视外显的行为，而不重视态度之类那些不可直接观察的变量。它只鉴别与工作有关的事件，而不考虑与工作无关的事件。

第二，测量行为。它包括观察行为、记录行为，然后根据记录的结果描述各种行为，以引起人们对这种行为的注意。

第三，对行为进行功能分析。它包括将行为和各种环境变量分解成功能因素，找出行为和环境变量（事件）之间的关系，最后找出影响和控制行为的因素，为修正行为提供科学基础。

第四，寻找修正行为的途径和方法。包括三个步骤：在分析行为功能的基础上分析行为与环境事件的联系，找出因果关系链，并确定采用何种方法去修正行为；应用和实施修正技术，通常的手段有强化、惩罚、消退，或这些手段的相互结合；采取适当的强化方案，维持期望的行为。

第五，对整个工作进行评价，以确定修正的方法是否妥当，为以后碰到类似的问题提供科学依据。

三、高等教育财务控制

高等教育财务控制是高等教育系统内部各组织借助于对货币资金的使用效能的筹集、分配和使用采取的一整套管理和监督方法，从而使有限的教育经费得以最大限度地发挥，达到预期目标的过程。与其他社会系统的财务控制类似，高等教育财务控制大致也包括预算、会计、决算、审计几种活动。

（一）高等教育的财务预算

高等教育的财务预算主要是指对高等教育事业经费的编制、分配、执行、调整和分析等一系列的过程。高等教育预算过程的基本目的是确定从中央到地方主管部门、从大学到学院、从学院到系科、从系科到教学科研人员等的资源分配和调整。在确定预算拨款时，要对资源可选用的方案做出明确的抉择，因此，高等教育预算的核心问题是根据什么把 X 款项拨给 A 项活动而不拨给 B 项活动。

高等教育的财务预算工作具有计划性，可以看作计划工作的一部分，同时它也可被视为管理工作中的控制手段，是一种典型的前馈控制。一般来说，它具有以下特点：第一，以预算与价值计算的形式定期地进行。第二，预算按一定的组织系统自上而下有序地进行传递。第三，预算的目的是保证教育计划的顺利实施，促进教育效益的不断提高。

根据不同的方法，高等教育的财务预算可以有不同的种类。如按其编审程序可分为若干种。

概算：拟编下年度预算的估计数字。

拟定预算：未经一定程序核定的年度收入计划。

法定预算：经过一定程序审批生效的正式预算。

分配预算：按法定预算确定的范围来分配实施的预算。

如按时间的先后顺序，则可分为四种：

经常预算：正式的常规预算。

临时预算：正式预算确立之前暂时实行的假定预算。

追加预算：在原核定的预算总额以外增加收入或支出的数字。

非常预算：为应付意外事变所做的特殊预算。

（二）高等教育的会计与决算

在高等学校，会计是以货币为主要计量单位对学校的经济活动和预算执行过程及其结果进行反映、监督和管理的一种财务控制方式,它包括三个部分。第一,会计核算。根据学校的经济活动和预算执行过程及其结果,实时进行记录和计算,并根据记录和计算的资料编制报表。第二,会计分析。根据会计账簿、会计报表及其他资料,对财务情况进行分析研究。第三,会计检查。根据会计凭证、账簿、报表和其他资料,对有关单位业务活动的合法性、合理性、会计核算资料的正确性和财政政策及财经纪律的执行情况进行检查。

会计的基本职能在于反映和监督一定范围内的资金使用情况。会计的任务主要包括:第一,根据有关法令和规定来编制并执行预算。第二,进行经济核算,加强现金管理,做好结算和核算,提高资金使用效益。第三,对高等学校的所有经济活动进行正确、完整、及时的记录,编制凭证,登记入账,上报会计报表。

高等学校的决算是执行预算的总结,是反映全校年度预算结算的书面报告。预算年度结束时,学校的财务活动便进入决算编制阶段。决算的编制一般分六个步骤:第一,拟定和下达编制决算的规定。第二,进行年终收支清理。第三,制定和发布决算表格。第四,进行年终结账。第五,编制决算。第六,上报。

(三)高等教育的审计

高等教育的财务审计分为国家审计和部门审计,在必要的情况下,还有司法审计。在高等学校,审计工作是对会计账目进行检查,对有关的财政或财务收支活动情况进行监督的一种财务控制活动。审计主要对财务活动的以下五方面做出判断:

1. 合理性

指审核检查的经济活动是否符合有关规章制度的要求。

2. 合法性

指审核检查的经济活动是否符合国家的法律、政策、法令或条例。

3. 合规性

指审核检查的经济活动是否应该在正常或特定的情景下发生,是否符合学校管理的原则。

4. 有效性

指审核检查的经济活动有无经济效益。

5. 真实性或公允性

指审核检查经济活动的资料是否如实、切实地反映了它所要表现的经济活动。

审计按其内容和目的可分为以下两大类:

1. 财政财务审计与经济效益审计

前者是审核检查财政财务活动，目的是对这类活动的合规性、合法性做出判断；后者是以实现经济效益的程度和途径为审查内容，目的在于提高经济效益。

2. 按照审计主体与被审单位之间的关系

审计又可分为外部审计与内部审计。外部审计是指由被审单位以外的国家审计机关、上级审计部门或民间审计组织进行的审计。内部审计是由本校审计部门进行的审计。

国家对审计部门的各项任务做出了详尽的规定，其中主要有以下几方面：

1. 对财务收支计划、经费预算、经济合同等方面的执行情况进行监督。

2. 对内部控制制度的健全、有效与否及执行情况进行监督检查。

3. 对会计报表和决算的真实、正确、合规、合法情况进行审计并签署意见。

4. 对严重违反财经法纪的行为进行专案审计。

为了完成对高等学校财务的审计活动，审计部门拥有以下主要职权：

1. 检查有关的会计凭证、账簿、报表、决算、资金、财产。

2. 查阅有关的文件、资料，召开或参加有关会议。

3. 对有关人员或问题进行调查并索取有关材料。

4. 提出有关意见和建议。

5. 对各种不按规定、违反财经法纪的人员或做法提出处理措施，并向有关领导部门反映审计结果。

高等学校内部审计工作有以下几种组织实施方法：

1. 系统审计

根据学校办学特点，开展有关基层单位针对特定项目，系统开展审计活动的一种方法。

2. 专题审计

分别按各个职能部门所主管的业务，开展专题性内部审计工作的一种方法。

3. 同步审计

在同一时间内，对两个以上所属单位审查内部相同业务的一种内部审计工作的组织方法。

4. 轮回审计

把下属单位按邻近原则，划分成若干片区，成立片区审计小组。片区审计小组在内部审计部门的指导下，按规定审计内容，有计划地、轮回地对本片区各单位进行审计。

5. 审计调查

针对本单位经济活动中带有共性和倾向性的问题，对不同下属单位进行内容相同的调查，以便摸清情况，及时为领导决策提供有效信息。

审计工作中还有一个重要的方面，就是以各项作业为对象，以审查各项作业财务上的合法性与经济上的合理性及有效性为目的的作业审计。例如，对引进某种仪器设备的作业，对进行某项教学改革的作业，都可以进行作业审计。作业审计不但要运用财务审计的一些方法，而且还要运用一些技术分析方法，如网络计划技术、线性规划技术、价值工程和价值分析技术等。作业审计不仅要审查与作业有关的财务问题，还要审查对作业的管理水平，它可在作业项目的事前、事中或事后进行。

审计工作中另一个重要方面就是合同审计。目前，随着高等教育的发展，高等学校与社会经济生活建立了越来越广泛的联系，与高等学校有关的各种类型的合同越来越多。合同是不同法人之间为实现一定目的，明确相互权利义务关系而订立的协议。它涉及有关法规、规定，需要就合同的合法性、有效性和完整性进行审计，因此合同审计对于保障合同双方的合法权益非常重要。具体而言，合同审计的主要内容有以下几方面：检查合同管理制度是否健全；检查签约双方是否合格，是否具有执行合同的能力和诚意；检查合同内容是否符合有关法律、法令和条例；检查合同是否完整，措辞是否准确；检查合同内容是否可行。

四、高等教育的宏观调控

高等教育的控制不仅仅包括一些技术性的环节，而且在发展过程中与制度性的宏观调控水平的高低有关。这种宏观调控对高等教育发展的影响力往往更为深远。这里所指的宏观调控手段包括高等教育立法、高等教育政策、高等教育财政拨款等。

（一）高等教育立法

长期以来，中国大学生教育管理与计划经济相适应，高等教育接受中央集中统一领导，法律的效用实际并不明显，所颁布的有关法规大多以"暂行条例""试行草案""讨论稿""纲领""通知""指示""会议纪要"等形式出现。这些法规缺乏法律应用的稳定性和科学性。高等教育法规变化频繁是高等教育平稳发展的又一大障碍，这体现为对管理制度规定的措辞经常变化。同时，对措辞本身的解释通常也模棱两可，不够准确，自然也就缺乏可操作性。另外，从法规的内容看，也有失全面性。这表现在法规内容调整教育内部关系的多、调整教育与外部关系的少，规范学校的多、规范教育行政部门的少，法规的限制性条款多、保护性条款少，义务多、权利少，如很少具体明确学校、教师、学生的办学权、教学权和学习权。

（二）高等教育政策

市场经济条件下，高等教育也受制于市场这只"无形的手"的控制。高等学校以自己的办学特色多样、专业各异展开对生源市场的竞争；政府与高等学校之间通过科研成果的买卖关系，使后者从前者那里获取研究经费，促进学术水平的提高；学校通过对教师和行政人员的评聘，促进学校内部办学机制的改善，形成不同的学校类型、学科及教育层次。那么，在法律的形成滞后时，政府的高等教育政策必须适时做出相应的调整，以保证上述高等教育运作的顺利进行。实践表明，如何保持行政干预（以政策形式）和市场调节的平衡是一个重大而棘手的课题。对习惯于计划经济思维模式的决策者来说，要真正具有适应并驾驭市场的能力，还有很长一段路要走。尤其是在当前形势下，对高等教育本质的认识在不断深化，很多人习以为常的观念将受到形势发展的强劲挑战。高等教育政策理应更有前瞻性，而不是滞后于形势的发展。高等教育的决策过程必须走向科学化、规范化。政策的实施过程必须有强有力的制度保障和监督，否则，政策实施过程中将避免不了长官意识、阳奉阴违情况出现，高等教育政策的宏观调控作用不但不能得到发挥反而有可能误导高等教育的发展，造成高等教育质量和效益的下降。

（三）高等教育财政拨款

高等教育财政以其拨款的原则和标准来引导、控制高等教育发展的方向。例如，美国采取"卓越质量原则"，鼓励公平竞争，因而财政资助大部分集中到少数历史悠久、研究力量雄厚的著名大学，其中大多数为私立大学。此外，美国联邦政府还给高等学校其他形式的间接资助，如减少那些资助高等教育的个人或组织的税收等。在中国，科研经费的发放由有关机构、各级政府设立的多种科学基金组织，以课题项目方式向社会招标，高等学校、研究机构均可提出申请。事实上，各校获得经费资助的机会并不均等，一般教育部所属的重点大学往往获益较多。在"条（中央、地方）块（省、部委）分割"的管理体制下，部属和省属院校之间获得的科研经费存在较大差距。在此种制度下，由于缺乏足够的公平竞争机制，通过财政资助方式去实现学校质量走向卓越的愿望自然无法真正实现。过去几年，211工程的实施较好地将中央与地方的财政资助结合起来，体现了效率优先的原则。考虑到国家有重点发展高等教育的要求，各省均对自己管辖的重点大学积极投资，扶持重点学科、专业，使高等教育与地方建设的关系更为密切。当然，这种资助方式的实效有待更长时间的检验。就目前情形而言，高等教育资助中仍然存在如何公正、公平、公开配置有限资源的问题，一些地处较发达地区的高等学校因为新的资助政策，往往比那些处于落后地区的高等学校享受到更多的好处。在这种趋势下，高等教育必然只能走"非均衡"发展的道路，但问题的关键似乎已不仅仅在于资助方式本身，高等学校自主发展空间和权利将是决定性因素。

第三节 高校大学生教育管理现状

一、高校大学生教育管理的现状

（一）空洞的制度管理，缺乏有效的教育

高校一直以来都以强制性的方针政策及各项管理规章制度监督管理学生，以达到统一管理的目的。但是在这种管理体制下，学生缺乏自我主动管理的意识，从而形成消极的态度，更培养不了良好的学习习惯。这样不仅难以把行为规定内化为他们对自身的要求，而且容易引发各种矛盾。

（二）管理意识加强，服务流于形式

高校学生管理工作的进行都是为了更好地服务于学生，因此身兼双职的学生管理工作，即管理与服务学生，一直都难以平衡两者的关系。因为在日常的工作行为中，更加强化管理，而为学生做好服务往往流于形式，对学生学习、生活、感情、就业等方面缺乏真正的帮助和引导。

（三）管理的手段单一

对于违规违纪和成绩落后的学生，辅导员往往是站在学校的立场进行说教式的批评教育，采用取消评奖评优等处罚式的手段。对大学生来说，他们常以不配合或沉默的方式来抵触这样的管理方式，从而直接影响对学生的教育管理工作。而在激励方式方面，过于集中在评优资格和德育加分，无法达到教育管理的真正目的。

二、大学生教育管理方式的创新

（一）推行导师制管理模式，营造高校全员育人氛围

可在校级层面成立导师制工作指导委员会，协调指导各学院导师制工作，而各学院可在学生工作组机构下增设导师制工作小组，动员本系有资历的专业教师，鼓励具有博士学历的青年教师参与导师工作，充分利用年长教师的工作经验和年轻教师的工作热情帮助和引导本科生顺利完成学业。导师可以按1∶10的比例指导本科生，导师也可根据工作需求，使所带的高年级研究生担任本科生班主任共同参与学生的管理。由于学院思想政治辅导员更多的是将工作重心放在学生的思想和生活中，导师可将重心放在学习方法的掌握、课程设计、学科竞赛和专业论文的指导之中，倾听学生心声，了解学生动向，根据学生意见及时调整授课方式和课程进度，并将掌握到的学生状况定期反馈给辅导员，让学生、教师等都能参与到高校教育管理中，通过沟通、协调、参与决策等方式，建立一种"学校管理—多方参与"的新教育管理模式。这种管理模式有利于充分营造师生互动、研本互动、教学互动的全员育人氛围。

（二）设立家长委员会制度，形成家校共管格局

设立家长委员会，通过学院牵线搭桥，设立本地家长委员会和外地家长委员会，鼓励家长参与学生课余安排和学习生活的监管。对于外地家长委员会，定期通过网络会议集中交流，明确各自在学生管理中的职责和分工；对于本地家长委员会，定期邀请家长来校与学院领导、辅导员共同开展座谈，研讨引导学生的方法，遇到高校管理中的重大问题共同商讨，交换意见。家长真正参与到高校发展和学生管理当中，建言献策，增进交流，改进教育管理方式，明确共同责任，同时，也有利于充分利用家长资源为本校学生推荐就业单位。

（三）推进宿舍管理创新，实行公寓化管理

宿舍不仅是学生课堂的延续，也是学生生活和休息的场所、娱乐的天地，更是信息获取的窗口和思想交流的渠道。一般来说，同一个专业班级的学生宿舍较为集中，这就为以宿舍为基础的管理提供了便捷。可以精简传统的学生会组织，并将其职能界定在应对学校各级部门布置的任务上。同时，成立以公寓为阵地的学生公寓管理委员会，将其职能界定在学院内部日常事务的管理上，通过挑选学院中成绩优异、待人热情、又有一定办事能力的学生担任委员会常任委员，以公寓中各宿舍舍长为流动委员，设立《公寓管理委员会工

作制度》，通过征求公寓全体成员意见制定《学生公寓自治管理条例》，在此基础上进行管理。

（四）促进德育方式多样化，寓教育于实践

在德育工作中，作为高校层面，应当在课堂教育之外开展广泛的校企合作，在多家合作企业设立多样化的德育教育基地，分批次分季度带领学生参观不同类型的企业，感受多元企业文化，加强学生的社会认知度和责任感；定期邀请企业成功人士来校开办讲座，进行励志教育；利用签约企业在高校设立专项奖助金的颁奖仪式对贫困生和获奖学生进行感恩教育；高校还可与兄弟院校开展长期性的交流合作，每月互派学生进行交流走访教育基地，实现资源共享，教育共进；可设立表彰专栏，每月收集本院学生所做的好人好事，按贡献值大小划分等级，利用张贴红榜、综测分奖励等形式予以公开表彰；在暑期社会实践以及课程实习中，领队老师可设立团队任务，让学生在具体实践中体会到团体协作的重要性，增强学生的集体主义精神；高校职能部门老师还可推荐相关学生团体与省市红十字会、消费者协会等社会公益组织对接，让学生走进社区切实为人民服务，把书本上条框式的德育教育带到生活之中，把德育工作孕育在社会实践之中，使学生在实践之中受到德育熏陶。

（五）善于发现优点，开展赏识型教育

对于犯错误、学业成绩不理想的学生，辅导员可以尝试开展赏识教育，以共同探索问题为目标，将批评转化为表扬。辅导员在谈话前充分发现学生的优点，在谈话时首先对其优点加以评价和赞扬，通过表扬缓解学生对老师的抵触心理，然后与学生一起回顾整个事件，让学生回想当时的动机、真实的想法，说出自己的理由，然后引导学生说出正确的做法，待学生认识到错误后进一步表达对学生能改正错误的信任，以及能发扬自身优点的期待，最后，在相互理解与信任的基础上与学生共同订立个性化的目标管理方案。发挥学生的主体作用，变批评为赏识，以情动人，能进一步激发学生成功的信念，从而使学生进入"初步成功—获得初步成功的体验—自信心增强—产生较强的成就动机—获得较大的成功—获得较深刻的成功体验—自信心进一步增强"的良性循环。

对于大学生的教育管理，高校应当变革传统的教育理念，拓展育人工作思路，创新教育管理方法，不断提升大学生教育管理工作的质量和水平。

第三章 我国高校学生管理体制

第一节 我国高校学生管理体制的发展趋势

高校学生管理的目标应是促进学生发展，同时包含教育、管理、服务职能。在学生管理过程中以人为本，应充分发挥高校学生管理的育人功能，注重培养学生思想品德素养，促进学生自主发展，采用服务型行政事务管理方法，满足学生合理的需求。

一、未来高等教育在校学生的特征

（一）彰显个人的自主意识

随着社会经济利益的分配沿着竞争规律流动，市场经济的一个突出特点是按照市场法则平等竞争。社会政策对个人利益表示承认和肯定。因此，市场经济不仅从经济上要求独立个人的形成，而且在观念上要求强化人的主体意识。

当前以及未来的高校学生处于市场经济这一大环境，首先应具有较强的自主意识。这种自主意识一方面表现为要求对自身价值、自我尊严的追求；另一方面表现为自我意识、民主意识、平等意识等新观念的蓬勃兴起。就业市场的竞争，关心个人发展机遇，自立、竞争、公平、效率等时代意识强烈，使得高校学生更加注重自我完善过程，表现出对市场经济亟须的新知识以及新技能的强烈求知欲。高校学生应积极思考并明确自身价值，及时确定人生坐标，最大限度地实现自我价值。

（二）注重个人创新意识的培养

未来的高校学生首先应具有较强的自主意识，其次注重个人创新意识的培养。创新是一个民族进步的灵魂，是一个国家兴旺发达的不竭动力。1998年世界高等教育大会提出："培养学生首创精神和学会创业，应引起高校的重要关注，目的是使毕业生更容易立业。高等学校的毕业生不再被称为求职者，相反，他们更将成为创业者。"[1] 知识经济的时代，

---

[1] 赵中建. 召开在即的"世界高等教育大会"[J]. 教育发展研究, 1998 (8): 71.

知识质与量的不断更新与增加，技术革命成果的不断涌现，要求高等教育必须把重视创新精神、注重实践能力、突出个性特色的人才培养作为我们未来工作的重要目标。

随着我国不断推进经济发展方式的转型，致力于将我国建设成创新型国家，而这需要创新人才的大量涌现。学生对事物所持有的兴趣与好奇心是培养学生创新意识与创新精神的前提条件，要激发学生的学习兴趣和好奇心，高校在学生管理过程中应做到以下四点：

1. 营造利于学生独立思考、自由探索、勇于创新的良好校园氛围，尊重学生的个人选择；善于挖掘学生个人的潜力，鼓励学生个性发展、自主发展。

2. 建立有利于选拔创新人才的制度。

3. 制定评价创新人才的标准。

4. 制定灵活多样的课程选修制度，给予高校学生条件支持，开展国际合作等方式，培养具有创新精神和创造能力的人才。

二、我国高校学生管理发展中的应对措施

（一）安排有专业管理经验的人员进行管理工作

由于学校中有管理经验的人员一般由老师担任，但缺少专业负责进行学生管理工作的专业型人才，因此，学校可以招聘一些学习教育管理方面知识的专业人才，让他们在学校中进行学生的管理工作，那么他们就可以通过自己的知识，以及对学校整体情况的了解，制定出较为适合学校的管理模式。同时，学校也应该加强对管理工作人员综合素质的培养，定期安排这些老师到管理模式较为先进的学校学习别人的优点，并结合自己学校的特点，制定出一个合适的管理模式，且管理工作者还需要时刻关注时代的发展，能够随着社会的变化，对学生的管理模式进行及时的调整。

（二）针对不同学生群体，实施不同管理方式

在高校的学生，并不都是统一的思想，他们因为来自不同的年级，对学校的生活环境以及学习环境，都有着不同的认识，那么如果采用同一种方式对学生进行管理，就达不到每个学生都舒心的效果，因此，学校应该针对不同年级的学生采取不同的管理方式。

首先，针对刚入校的新生。管理工作者应该将学校的有关规定，以及学校的一些基本信息，制成入学须知，在须知里面要包括学校的门禁时间、学校的自习教室的使用情况等。同时，还需要印制出学校的简易地图，让学生能够清楚地了解到学校的主要建筑在哪里，并在每个班安排专门的高一级的学生对新生进行思想及生活上的帮助。

其次，针对在校的学生。管理工作者要制订出详细的管理方案，随着社会的发展，现在的学生发展越来越个性化，因此，对他们的管理，不能像原来那样进行限制性管理，而是应该注重学生的个性化发展，同时，在学生中间展开调查，比如，可以通过问卷调查的形式，调查学生对学校食堂饭菜的评价，以及对图书馆管理的建议等，然后根据学生们的需求制订出合适的管理方案。

最后，针对即将毕业出去实习的学生。这部分学生由于其既需要工作，又需要处理好学校后续的一部分事情，因此，学校在对这一部分学生的管理上要合理安排他们的时间，比如，有的学生由于实习的原因，不能及时回到学校，那么学校应该对这部分学生进行登记记录，然后对他们的门禁时间适当放宽松些。使学生能够在实习与学校之间充分地做好调整，进一步促进学生能够顺利地完成实习任务。同时，学校也可以邀请企业到学校进行招聘，让学生不出校门就能够参加自己喜欢公司的面试，节省学生的时间，使学生能够面试更多的公司，有更多的选择。

三、高校学生管理模式

（一）优化学生管理工作理念

随着时代的进步，我国高等教育逐步与世界接轨。新时期，随着网络信息化的加速，大量新思想、新潮流不断地影响着高校学生。传统的学生管理以分数、考勤、纪律等作为重点，忽视了学生在管理中的主体地位。新时期的这些问题，迫切要求高校优化学生管理工作理念。首先要树立并强化服务意识，这就要求学生管理工作者要摒弃那些高高在上的错误思想认识，站在平等的角度，一切从学生的根本利益出发，设身处地为学生着想。只有这样，才不会用一成不变的制度限制学生，而是使学生管理工作得以顺利地进行。其次，要明确学生的主体地位。学生管理工作不是单纯地制定规章制度，死板地束缚大学生的行为，它要求学生明确自己在高校中能够享有的权利和应该履行的义务，这样学生在充分享受自己的权利、提高自身素质的同时还能够自觉地履行义务，让思想支配行动，充分发挥规章制度的引导作用。同时学生的主体地位还体现在可以向管理工作者提出质疑，对于管理者提出的不合理要求或制度，不在私下抱怨或抗拒，而是可以积极主动地提出符合大多数学生需求的意见或建议，让学生管理者了解学生们的心声和诉求，及时修改管理制度，确保管理工作不与学生的需求脱轨。

（二）创建一支优秀的大学生管理人才队伍

随着我国高等职业教育进入蓬勃发展时期，学生层次更加多元化，学生管理工作难度也随之加大，为了完成新形势下的德育工作，就必须创建一支思想道德高尚和工作作风端正的大学生管理人才队伍。大学生管理人才队伍是高校管理工作的协调者、执行者，是联系学生和老师之间的纽带和桥梁，在学生管理中起着模范带头的积极作用。他们要经常深入学生当中，及时掌握学生们的思想状况和活动情况，并及时向上级部门汇报，针对学生的切实情况，高校应学生所需定期组织一些丰富多彩的活动，在提高学生们积极性的同时还能增强师生友谊。学生管理队伍的优势在于他们本身就是站在学生的立场，从学生的角度出发考虑问题，能将最真实的信息进行反馈，同时管理工作要求他们有比普通同学更高一层的思想认识，在日常生活中时刻规范自身的言行举止，为其他同学做出榜样，形成良好的高校文化氛围。因此，高校学生管理工作的目的是通过创建一支优秀的大学生管理人才队伍，构建分工明确、合作有序的管理工作体制，运用现代化的管理手段，真正促进学生管理走向专业化、科学化。

（三）加强学生的自我教育能力

在学生管理工作中，仅提高管理者的一系列素质还是远远不够的，还要充分调动学生的积极性，增强其自我教育能力。苏霍姆林斯基曾经说过："一个少年，只有当他学会了不仅仔细研究周围世界，而且仔细研究自己本身的时候；只有当他不仅努力认识周围的事物和现象，而且努力认识自己内心世界的时候；只有当他的精神力量用来使自己变得更好、更完善的时候，他才能称作是一个真正的人。"[①]自我教育能力是实现学生自我管理的巨大动力，高校学生管理要促使学生在无人监管的条件下，仍然能够自觉地从各方面完善自己，提高自身的综合素质。

高校学生管理是高校管理的重要内容之一，是一个系统的复杂工程，特别是在新形势下，科学技术高速发展，社会更需要综合素质高的优秀人才。高校学生管理模式也应与时俱进，不断创新，这对促进学生综合素质的提高和全面发展有着非常积极的意义。

---

① 苏霍姆林斯基.关于全面发展教育的问题[M].王家驹，张渭需，杜殿坤，等，译.长沙：湖南教育出版社，1984.

第二节 我国高校学生管理专业化取向体制

一、高校学生管理工作概述

高校学生管理工作既是职业的一个类别，也是高校教育中的一项基本任务。

（一）高校的主要任务是培养高素质、高技能的人才

高校的主要任务是培养高素质、高技能的人才以满足社会发展对人才的需求，为国家的发展与建设培养接班人。高校对人才的培养不仅是专业知识和技能的传授，还包括对学生的适应能力、人格、道德等多方面素质的培养。高校学生管理不仅为高校教学服务，更对学生形成正确的道德观、价值观、人生观具有重要的作用。高校学生管理工作经历了长时间的探索和发展，在管理体系、管理理念、管理方式和人员配备等方面日趋成熟。

（二）高校学生管理是一门具有很强实践性的学科

高校学生管理将教育学、管理学、心理学等多种学科加以融合，具有综合性特点。随着教育改革的持续进行，高校学生管理工作不断探索、不断发展，已从单方面的强制性的说教、灌输模式逐渐向以人为本、服务化和制度化的方向转变。高校学生管理工作涵盖范围广泛，以引导学生思想的正向培养、为学生生活需要服务、指导学生就业发展、对学生进行心理健康的维护等多方面为工作内容。

（三）高校学生管理走科学化的发展路线

国内的高校长期以来并没有将学生管理工作作为一个单独的学科，高校的行政化管理机制使工作在一线的学生管理从业人员仅作为管理工作的执行者，管理实权和自由决策力的缺乏，使其并不属于真正意义上的学生管理。这一点，国内与西方高校学生管理方面有很大的差异，在本质和境界上都存在较大的分歧。要从根本上提高我国高校学生管理工作的水平，就应该向西方国家学习，走科学化的发展路线，既要有明确的管理目标、完善的管理体系、正确的管理理念，还要有高素质管理人员的职业发展与培训规划、方法，建立职业化、专业化、高素质化的高校管理工作人员队伍，这对于高校人才的培养具有重要的意义。

二、高校学生管理走专业化发展道路的必要性

高校教育是国家培养人才的重要途径,为社会各行各业的发展培养了专门的人才,是国家发展的主要推动者。任何一个行业的发展,都是从不成熟到成熟再到专业化的过程,每一种行业分工最终的发展趋势都是具体化、专业化。

(一)职业发展的专业化

学生管理的专业化是将学生管理工作作为一个专门的学科类别,同会计、法律、金融等专业一样,具有更强的专业性。从业人员也同其他从事专门性职业的群体一样,具有更专业的知识储备,为社会培养本行业的专门人才。其无论对于从业者本身的发展还是整个行业的发展都具有非常重要的意义。现今我国高校学生管理工作对管理和被管理两方来说,是服务与被服务的关系,强调的是双方间的互动性。学生是服务的主体,占据着主动的地位。为了满足对新一代大学生的管理需要,高校学生管理者必须了解现代大学生的心理特点,用更加专业的知识和理论,采取更加专业的管理方法,做好现代高校学生的管理工作。

(二)培养实践性和业务性强的职业素养

传统的观念认为,高校学生管理工作者不需要像高校中的专业教师那样具有高学历、高知识储备,无论谁来干都可以胜任此项工作。其实从本质上来说,高校学生管理工作是集教育学、管理学、心理学于一体的综合性学科,其专业性强,专业要求高,对从事学生管理工作的人员在专业素质方面的要求更高,而且要具备丰富的实践经验。具体来讲,学生管理工作人员不仅要具有教育学、管理学、心理学等学科理论知识的储备,还要具有能够亲力亲为地指导学生的社会实践工作、学生的日常工作、学生的心理健康、学生学习生涯的规划、各种专业特色研讨会的开展、学生活动的组织以及学生就业指导等实践性强和业务性强的职业素养。

(三)为高校教育事业服务

在国外,学生管理工作从业人员都受过高校管理工作的专业教育,国家也会专门针对学生管理工作开展专门的业务培训。在20世纪50—60年代,由于我国国内的学生管理工作起步较晚,从业人员理论知识储备相对比较欠缺,专业化程度低,而且主要是执行行政式指令的工作模式,工作缺乏针对性,学生管理工作缺乏完善的管理体系和有效的管理制

度，人员流动性大，学生管理工作的成效并不理想。因此，学生管理只有走专业化的发展道路，才能从根本上提高学生管理工作的质量，为高等教育事业更好地服务。

三、高校学生管理工作专业化理念的建立

随着高校教育改革的深化，高校内部管理进行着根本性质的更新和变革，学生管理工作已经呈现出专业化的发展趋势。职业经过分化和发展，必然形成专业，从而形成强调专业知识和技能的职业。

（一）职业分类的角度

专业是指群体经过专门的教育、学习和训练，具有高深的、独特的专门知识和技术，按照一定标准进行职业活动，从而解决人生和社会问题，促进社会进步并获得相应报酬待遇和社会地位的专门职业。可以说，现如今高校学生管理工作已符合职业专业化的标准。

（二）社会的角度

现在学校管理学知识体系日益完善，在国内的高等院校的教育学院都有教授教育管理学的内容，在一些高校管理中已经有自己特定的管理方式和技术。另外，在高校内部对学生管理工作从业人员的知识技能已经有了一定的要求和标准，高校越来越重视学生管理工作从业人员的业务培训。而且，从社会角度来看，高校管理职业在社会中已经作为一个职业阶层存在了。

（三）专业发展的维度

作为高校教育管理专业人员，获得系统而明确的专业理论知识是专业发展的又一重要维度。高校管理的教育性、综合性与复杂性要求高校学生管理工作者更应具有符合教育者、领导者和管理者角色要求的知识结构。专业伦理是高校学生管理工作专业最根本、最直接的体现，它包括从业者的职业道德、行为规范以及高校学生管理工作者的专业态度和动机，而专业态度和动机又是专业特征形成和发展的动力和基础。自我专业发展意识是保证高校学生管理工作者不断自觉地促进自我专业发展的内在主观动力。

四、高校学生管理工作专业化的制度保障

高校学生管理工作受多方面因素的影响和制约，学生管理工作制度不仅是高校学生管理工作中最重要的影响因素，而且是学生管理工作开展的基础，为学生管理工作的贯彻落实提供制度支撑和保障。对于高校的发展而言，不但要加强硬件方面的建设，努力提升学

生管理工作的实用价值和实际效果，在软件方面也要建立健全学生管理工作制度，为学生管理工作的开展提供有力的制度保障。

（一）以制度形式明确学生工作管理的地位

高校出台的一系列的制度、规则或者年度工作规划要明确学生管理工作的地位，不仅为学生管理工作提供制度保证，还要有一定额度的配套服务经费的划拨，在经济上给予一定的支持，从制度和财力、物力等方面共同为学生管理工作的有效、健康发展提供支持和保障。

随着教育形势的发展，高校学生管理工作应该与时俱进，根据形势的变化及时做出调整，使其与社会和教育的发展相适应。因此，明确学生管理工作在学校总体工作中的地位，遵循学生管理工作的服务宗旨，建立健全相关人员准入、考核、评比机制对提高学生管理工作显得十分重要。

（二）以制度形式确保学生管理工作岗位的职业化

高校学生管理工作岗位具体包括：对学生进行思想管理和心理健康的管理，为学生就业提供指导，进行法律法规教育，进行学生社会实践管理，等等。这些工作细化到学生管理工作的各个部门，对于部门岗位，应该建立明确的制度和规则，为管理工作的执行提供保障，确保岗位工作人员具有过硬的专业知识和专业技能。

岗位人员在选拔和聘用的过程中，除了理论基础知识以外，对于工作人员的要求是具有本专业的知识素养；心理健康管理岗位的工作人员要求具有心理辅导的经验，并通过国家认可的执业资格认证考试获得证书；在法律教育岗位的工作人员要具有法律专业知识并具有丰富的经验；这些岗位都需要有规范的制度提供保障。

（三）采用艺术性学生管理模式、制度激励创新

高校学生管理工作的主要对象为大学生，大学生是青年群体中的典型，具有自身的特殊性。在大学生群体中工作，为他们提供服务，对各种事件处理的好坏对大学生人格的形成和社会认知以及人际关系的培养有着重要影响。因此，艺术化学生管理培养模式要使学生在接受学校管理工作的过程中，不流于表面，而是发自内心地认可。将教育管理深入学生的内心，使学生在社会交往的层面上得到正确的认知，这是学生管理工作的意义所在。

以制度化的形式采取适度的激励，使学生管理工作人员优秀的工作表现和成果受到认可和鼓励，会激发其他工作人员的工作积极性，对工作产生兴趣，勇于创新，从而在整体上提高学生管理工作的质量。

综上所述，高校学生管理工作的职业化强调高校学生管理工作是一个独立的社会职业，而高校学生管理工作的专业化则要求提高高校学生管理工作从业人员的专业水平。通过高校学生管理工作专业化，可进一步发展高校学生管理工作的专业精神、专业知识、专业能力和专业伦理，提高高校学生管理工作者的专业水平。

第三节 我国高校学生管理人本化取向体制

教育的发展、管理制度建设的出发点就是要把学生的根本利益和发展放在首要位置，真正将以人为本的科学发展观运用到具体的教育管理实践之中。针对目前高校学生管理制度人本化缺失的问题，首先要从颁布人性化制度着手，从促进学生全面发展的角度出发，坚定"以生为本"的信念，赋予学生应有的权利并建立健全柔性管理机制，加强高校人本化学生管理来满足当今高校学生管理制度的需求并且弥补制度的不足。

一、坚持"以生为本"的管理理念

建构人本化高校学生管理制度，转变传统的高校学生管理思维，树立"以生为本"的管理理念，实现学生的全面发展是现代高校教育的出发点和落脚点，实现高校学生人本化管理制度是创新探索符合高校学生心理行为新特点的管理模式，是做好高校学生管理的基础和有效途径。"以生为本"的理念是人本化管理理念的题中之意，"以生为本"应以满足学生需求、促进学生发展、实现学生价值为本。"以生为本"最简单的理解就是把满足学生的需求作为学生工作的目标和核心，即做到以学生为先，把学生的培养放在高校一切工作的首要位置；以学生为重，不能因为强调科研工作、国际交流、教学质量等忽视学生管理工作；以学生为主，不仅充分尊重学生的主体地位，而且要在管理中以学生为主，让学生可以自我教育；以学生为荣，把培养高素质的学生和学生取得的荣誉看作各项工作最大的成绩。

随着教育的发展、管理制度的改革，高校学生管理的出发点更是要把学生的根本利益和发展放在首要位置，真正将以人为本的科学发展观运用到具体的教育管理实践之中。

（一）坚持"以生为本"，构建"生本位"思维

长期以来，在高校学生管理工作中，管理者和学生这两个主体之间处于一种不平等的地位，高校往往把学生管理工作宏观地看成高校工作的一个环节，从学校利益衡量学生的

管理。相比之下，忽略了学生主体的需求，严重禁锢了学生的自我意识、独立意识和主人翁的意识。

"以生为本"的管理理念，要求学生管理工作者打破传统的"以师为本"或者"以校为本"的管理理念，充分认清"我是谁"，管理"依靠谁"，管理"为了谁"，从学生管理工作的实际——学生这个核心群体的实际出发，考虑主体的根本需要；针对学生的特点，尊重学生的权利，侧重发挥管理者的激励、引导作用，特别是在保护学生合法权利上，不能以片面的集体主义牺牲学生的合法权利，提高对每个学生个体的重视程度，使学生获得全面个性的可持续发展，使国家与学校的人才培养目标和学生的成长需求相结合，从而得到真正的统一。

（二）坚持"以生为本"，凸显管理型服务

现代高校管理理念普遍认为，对学生的管理实际上都是为学生的成长和发展而服务的。学生在发展的过程中需要什么样的管理，高校就应当把这种管理作为一种服务提供给学生，而不是把这种管理当作一种资本凌驾于学生之上。这种服务型管理把管理学生、教育学生和服务学生三者有机结合起来，特别是要凸显管理服务于学生的理念。

在管理制度建设、规章制度的定制上，管理者的管理实践和实施上都要摆正自己的位置，树立管理服务的意识而不是服务管理的意识。彻底改变过去片面强调学生对整体社会的价值义务，把学生的主体价值放在社会整体价值之内充分满足学生的生存和发展需求，促进学生个人价值实现和集体价值实现的有机统一，这既是现代教育的发展趋势，也是新形势下满足服务型管理的现实需求。

（三）坚持"以生为本"，彰显个性化发展

由于内外环境的多样化，每个学生必然存在着不同程度的差异，并且这种差异很难随着主观意志的转移而转移。"以生为本"就是要承认并尊重学生的个体差别和个性差异，顺应学生的身心发展规律，因人而异，因材施教。高校大学生都是具有独立思考能力的个体，是充满朝气和活力的个体，同时这个群体也引起社会各界的高度重视并寄予厚望，因此在尊重学生个性差异的基础上，还要从整个国家和民族的高度对学生进行引导、规范和管理。

从学生个人的内外成长环境上看，在个人认知和性格特点上都存在着差异，因此在注重学生差异化的基础上，还要对学生个人的成长道路、思想道德等进行有针对性的引导。在学习和生活当中需要让每个学生个体的思想都能在这个群体中闪光，并不强调大家的思

想高度需要一致，相反，强调思想一致对一个大学的管理是非常不利的，允许思维差异甚至对立的思想互相碰撞，这样的大学才是一个有创新机制的大学。

二、更新、优化学生管理制度体系

制度伦理化和伦理制度化都属于制度伦理研究的范畴。制度伦理化是指社会体制的道德性，表现为内在于一定体制的制度、法律、法规、政策、条例等所分配权利和义务的公平性和合理性；伦理制度化是指人们把社会的伦理原则和道德要求提升，规定为制度，并强调伦理的制度化、规范化和法律化。无论是制度的伦理化还是伦理的制度化，对建立当代高校学生管理制度体系都有着理论意义和指导意义。

（一）制度伦理化与伦理制度化

制度伦理化与伦理制度化是密切制度与伦理之间关系的两种不同思维取向，前者重在对制度本身进行道德上的评判和矫正，通过内容的建构促使伦理原则和道德观念在制度中的渗透与落实；后者强调将某种社会倡导、公众认可的道德规范转变成为具有强制效力的制度。两者在管理秩序的重整与道德建设中发挥着各自不同的功能。在构建人本化高校学生管理的过程中，制度的伦理化更应当成为制度优化、创新的首要选择。制度应该伦理化，不合乎伦理的制度是没有生命力的；同时，伦理也应该制度化，符合人们广泛认同的道德标准和审美取向的伦理通过制度化以后，更有利于发挥其作用。

（二）学生是高校最核心的主体，是高校服务的对象

高校的责任和义务就是帮助学生实现全面发展。当前，高校正处于全面改革的阶段，在高校学生管理制度创新的过程中要坚持制度伦理化与伦理制度化的"两手抓"。对不符合伦理规范的制度进行调整，补充符合伦理规范的新制度，这本身就是一种重要的创新。

（三）更新学生管理制度体系建设理念

1. 融入文化管理机制

在高校学生管理的实践中，全面提高学生的自我约束能力和理性自主能力是高校管理发展永恒的追求。人类的基本行为是由文化来决定的，由于文化的变化很大，所以对人性唯一正确的判断是它的可塑性很大。人与文化的关系是密不可分的，文化可以塑造人、引导人、管理人。高校人本化学生管理就是要突出学生在学习和生活中的主动性、主体性和自觉意识。高校管理文化不仅包含育人理念、学术发展空间、办学特色等要素，也包含管理人员所形成的管理文化，每一种文化的形成都是多种文化主体互相协调、作用而成的。

高校人本化学生管理最重要的目的是唤起学生的文化自觉性，用优秀的文化潜移默化地影响学生的行为，最终形成文化管理。

以文化来改变制度，注意不是取消制度，而是制度要人文化，具有人文色彩，充满以人为本的文化温情。因此，高校学生管理制度应该与人文精神、价值观念、行为准则和道德规范融为一体，得到学生对高校的管理理念和管理价值取向的高度认同，提升学生的使命感、责任感与荣誉感，增强学生对学校文化的向心力和凝聚力。刚性的制度管理对文化管理起到了重要的保障和支撑作用，文化管理使制度管理得到升华，文化管理充分体现了高校作为文化机构管理的科学化、人本化。

2. 建立柔性化管理机制

传统的高校学生管理理念强调的是对大学生的思想和行为进行严格的要求和规范，强制性特征明显。学生管理部门和管理者往往对学生采取"压"这种硬管理的方式，直接导致管理者和被管理者在情绪方面的对立结果。因此，要把传统的服务于管理的观念向管理服务的观念转变。建立柔性化管理机制，需要做到以下几点：

（1）要建立"以学生为服务主体"的观念，把服务学生作为出发点和归宿点，想学生所想的最主要的问题，关心学生关心的最主要的问题，解决学生最渴望解决的问题。

（2）柔性化的管理机制要把激励和引导当作大学生管理的主要手段，通过制度上的激励引导学生树立远大理想抱负，专注求学，培养科学的思维方法，特别是在学生的思想"总开关"上下文章，指引学生把个人的成才梦和伟大的强国梦有机地结合起来。

（3）柔性管理机制的建立要把学生的主体创造性放在重要的位置，不能像过去那样，只谈义务不谈权利，要明确告诉学生在校期间享有的合法权利和应当履行的义务，把权利和义务写进学校制度中并加以保障。在保护学生的权益方面，特别是在针对学生的处分做决定时，要做到程序正当、证据充足、依据明确、定性准确、处分恰当，避免学生和管理者产生硬性冲突。

（4）建立柔性化的管理机制，即要发挥学生主体能动性，变被动管理为自我管理。高校学生管理工作应当充分发挥学生的自我约束能力，变被动服从管理为主动参与管理。这种转变是民主理念的要求，也是缓解、解决高校学生管理中的矛盾和抵触情绪的重要手段。这种管理不仅促进了高校学生管理的发展，而且培养了高校学生骨干的能力素质，有助于高校学生培养自主、自立的意识，逐步消除对家庭、社会、学校的依赖，使学生在思想上得到进步。学生参与管理的过程也是对管理工作理解的过程，这个过程，不仅使高校学生得到能力素质的提升，更是对制度存在的主观情感的转变。

（5）柔性管理机制的建立要与高校文化繁荣发展接轨。近年来，高校文化在社会文化大繁荣、大发展的背景下也日益呈现出多样化发展，这种软的因素对学生心理和思想因素的影响也日益凸显。从正式上讲，这种文化的导向集中体现在大学精神的凝练；从非正式来说，就是存在高校各个角落的文化活动。这种蕴含在文化活动中的价值引导力，最容易被学生接受，对学生的作用力不容忽视。因此，在建立柔性管理机制的同时，应当深刻把握文化对学生产生的深远影响，特别是在西方文化入侵青年学生思想的背景下，更要在意识形态领域加强对学生的管理服务。

3. 建立制度反馈机制

及时做好学生意见的处理工作，是新时期制度改革所面临的重要任务。高校要建立健全有效的学生制度反馈机制。在信息交互和反馈的过程中，学生意见的反馈和解释直接关系到制度的合理性，关系到执行力与落实情况。学生与管理者之间可以相互表达自己的想法，倾听他人的意见，有利于达成共识并完成共同的愿景。

学校应该设立学生管理制度反馈部门，收集学生对学校管理制度的意见。高校各职能部门应将收集的信息进行分析整理，研究并制订改革方案。同时，要做到反馈及时化、经常化、规范化。学校要向学生公开学校工作计划、进程等相关内容，学生应享有对高校各个职能部门的监督权，确保高效管理制度民主化、规范化。高校要从人本化的角度对学生权利制度进行完善和重构。

（四）优化学生管理制度体系实现途径

为了进一步推进人本化高校制度建设的进程，顺应我国国情和时代的要求，应做到如下几个方面：

1. 推进政校分开、管办分离

将现代学校制度的实施进一步深化，积极探索适应我国高校实情和学生发展的管理制度。从宏观的角度上，要努力构建政府、学校、社会之间的新型关系，克服行政化倾向，改变当前中国高校的隶属关系。

2. 落实和扩大学校的办学自主权

具体来说，要自主开展教学活动、科学研究、技术开发和社会服务；自主设置和调整学科、专业；自主制订学校的规划并组织实施；自主设置教学、科研、行政管理机构；自主确定学校内部收入分配；自主管理和使用人才；自主管理和使用学校财产和经费。同时，要大力支持高校开展国际交流合作,提高国际化水平。

3. 完善学校内部治理结构

完善党委领导下的校长负责制,形成科学有效的决策方式;完善大学校长选拔任用办法,发挥学术委员会在学科建设、学术评价、学术发展中的重要作用;探索教授治校的有效途径,加强教职工代表大会、学生代表大会建设,激发学生参与管理的内在动力,发挥群众社团的作用,积极借助社会力量加强学校的学生管理。

4. 加强大学章程建设

教育主管部门要积极落实对大学章程的审批工作;及时出台相应的大学章程报送审批制度,制定各类学校的办学标准或按学校类别出台不同类型学校的章程样稿;多种形式宣传大学章程的价值和相关理论知识,提高相关主体对大学章程的认识和建设大学章程的自觉性;大学内要提高学生对大学章程的认识,教师要成为学校章程建设的表率;学生管理的相关主体通过多种形式加强学生对大学章程的认识。

5. 扩大校企合作

探索建立高等学校理事会或董事会,健全社会支持和监督学校发展的长效机制。

(1)在学校建设的物质投入方面和项目研发上,加强和企业的合作,促进知识的价值实现。

(2)在人才输送和学生就业方面,通过与企业合作,帮助学生树立正确的目标和价值观念。

6. 推进专业评价

鼓励专门机构和社会中介机构对高等学校学科、专业、课程等水平和质量进行评估,通过定量、定性的指标和不确定性指标的综合衡量,包括学生和家长的满意程度,学生的就业与发展情况,形成中国特色学校评价模式。

三、发挥学生在管理制度建设中的主体作用

发挥高校学生在管理制度建设中的主体作用,既符合高校学生管理特征的现实需要,也是推进高校学生管理制度确实服务学生发展的必由之路。

传统的高校学生管理制度建设无论参与者还是制度本身的理念、内容,更多体现着校方意志和管理需要。随着现代高校管理理念被普遍接受和高校学生群体的自主性不断增强,传统的由管理者主导的制度建设越来越难以满足管理的现实需要。高校学生管理必须

根据新时期大学生的年龄特征和心理特征，充分调动和激励学生的内在积极性、主动性和创造性，确立大学生在自身管理中的主体地位，发挥大学生在管理制度建设中的主体作用。以生为本的管理理念在制度建设中的体现就是要尊重学生的主体地位，尊重学生的主体地位首要就是承认学生的主体价值。学生作为社会上的人，除了要致力于实现社会的整体价值，还要实现自我的价值，这种自我价值通常表现为对其自身生存和发展需求的满足，以及对学生人权的尊重等。因此，在管理制度建设中，要充分认清并尊重这样的现实状况，不能像过去那样片面地放大集体价值的实现，过分抵制高校学生的自我价值实现。要在制度建设上尊重学生的主体地位，首要的就是体现高校学生的自我价值。

（一）推进依法治国在高校学生管理领域的落实

从法律上确定高校学生参与学生管理制度制定的权利，特别是让高校学生在涉及切身利益、敏感问题，如收费、处分等方面，有充分的参与权和自由的发言权。

（二）可以依托学生这个被管理群体，实现学生自主化管理

学生自主化管理可以有效地减少管理主体和客体之间的冲突。陶行知说过："最好的教育是教育学生自己做好自己的先生。"[①] 最主要的是要在制度的内容上，多给予高校学生自主管理的权限范围，确实把学生看作一个可以信赖的、能动的主体，在尊重学生意愿的基础上，实现学生的自我管理和自我发展。

（三）依靠学生构建制度建设的矫正机制

实践是检验真理的唯一标准。若要建立人本化高校学生管理制度，必须在管理实践中不断发挥学生的主体作用，及时收集、反馈制度建设存在的不足，坚持以学生的发展作为出发点。学生主体也应当在矫正机制中起到主要作用。

当前，高校在学生管理过程中最重要的任务就是要加强其管理服务意识。传统的高校学生管理制度的影响还长期存在，要真正体现学生的主体意识还要彻底解放思想，要从传统的社会价值向注重学生的全面发展转变。若要学生实现自我管理的意识，就要使学生的地位由传统的管理客体向管理主体转变，特别是在制度建设中充分唤醒学生的主体意识，激发他们的积极性和创造性。

四、推进学生管理的差异化与个性化

高校学生群体多样化已经成为高校最主要的特征之一，集中体现在每个学生的成长环

[①] 陶行知. 中国教育改造 [M]. 北京：生活·读书·新知三联书店，2014.

境差异、发展需求上的差异等方面。高校学生管理的差异化与个性化要求高校在制度建设中正确把握学生的共性和个性，特别是对特殊学生群体的政策在制度建设上应当进一步完善。主要针对特困生群体、关系不良的学生群体、成绩落后的群体、不被重视的学生群体、待就业的学生群体、情感受挫的学生群体、意志薄弱的学生群体、适应能力差的学生群体等应当有相应的具有针对性的管理制度和措施。这些群体中存在不同程度的对待高校学习生活消极被动，容易产生焦虑和自卑，不愿和同学相处甚至极易受到高校环境中负面因素的影响并产生悲观、绝望、无助、空虚等心理，在制度构建和管理实践中必须突出这些管理的重点和难点。全面开展大学生特殊群体普查工作，了解和掌握他们的真实情况。在加大日常管理力度的同时，还要特别注重：

（一）要健全高校学生心理疏导工作机制

高校学生中的特殊群体往往是心理问题多发的群体。另外，高校大学生在面对理想和现实的差距时，或多或少会出现失望、焦虑等负面情绪。如果自我调节无法消除这些负面情绪就容易发展成为心理问题。因此，高校学生的心理疏导工作必须立足帮助学生解决实际的、现实的困难，解开心理的困惑，使其心理和人格向健康的方向发展。

（1）高校一方面应当建立完善的心理咨询机构，并且让这种咨询机构流动起来，服务在高校学生特别是特殊群体之间，主动"靠上去"做工作。

（2）应当对教师、学生管理者甚至是学生干部开展广泛的心理疏导相关培训，把心理疏导能力作为衡量高校学生工作者的重要指标。最主要的是要形成常态化的学生交心、谈心制度，及时了解学生的真实情况和实际想法；尊重每个学生的个性思想，立足尊重和促进学生的全面发展，做好心理服务工作。

（二）创造良好的人际氛围

高校有自己独特的文化和环境，人际氛围是由学生群体创造的，也影响着每一个高校学生。和谐、友爱、平等的人际氛围，不仅能陶冶学生的情操、开阔学生的胸怀，而且能消除和缓和人际交往上的矛盾。高校必须从思想上宣扬主旋律，把提高学生的道德水平作为基础，营造互帮互助、民主平等、宽以待人的人际交往氛围，消除学生群体之间的隔阂，消除特殊学生群体的孤立感。

五、完善大学生的维权机制

由于高校学生的利益纠纷往往围绕着校内活动与生活产生，因此高校学生的维权机制也应当立足于校内。在高校学生维权机制的构建中，虽然各个要素的地位和作用不同，但是在整个机制运行过程中，每个要素之间都存在着非常紧密的联系，每个要素都体现着整个维权机制的综合作用和功能，都是为了最大限度地保障高校学生的合法权益。

（一）高校要明确大学生维权机制的主体

进一步明确高校学生的权益由谁来维护，最要紧的就是要明确高校学生在高校中的地位及学生和高校之间的关系。高校应当主动承担维护学生合法权益的义务，不能像管理企业、教师、军人那样去管理高校学生，也不能把学生当作社会中的一般群体对待，更不能忽视、漠视高校学生的任何一项权益。作为学生管理者，不能把学生的管理当作一种简单的制度维护，必须时刻记住自己是学生的服务者，是学生权益维护的第一责任人，高校的各个部门对学生的权益都有保护的义务，特别是不能因为学校的利益忽视学生的利益，为了部门利益侵犯学生的利益。

学生是权利的主体也是自身权利的维护者之一，既要明确、正确对待自己的权利和义务，不能容许权益被侵害，也不能因为维护自己的权益而侵害学校或者其他学生的合法权益。

（二）需要对相关制度进行维权

高校学生维权制度的建立是完善高校学生维权机制的关键。制度是高校学生维护合法权益的硬件，维权机制是高校学生维护合法权利的软件，只有软硬件相结合才能切实保护好高校学生的合法权益。只有建立维权的相关制度，高校学生的维权工作才有依据，才能有根本的保障，才能长期坚持下去。

从现实上看，大学生的维权仅停留在学生代表会、校长信箱之类的反馈上，而不是在涉及学生权益时介入，特别是在维权制度建设上基本处于空白，因此，大学生维权制度建立的迫切性远远超过其他群体的维权制度。我国高校应当参考国外高校的一些做法，在坚持完善原有内容的基础上，建立学生参与高校管理制度，让学生作为一个独立的群体参与高校各项规章的制定，特别是在涉及学生相关利益的问题上，保证学生的全过程参与。

建立监督制度。赋予学生权利来监督高校方方面面的建设，必要时应当建立社会舆论媒体监督高校的渠道。特别是在高校处分学生的时候，让学生充分介入。此外，还应当建立相关的保护性援助制度，保证学生在接受处理的过程中有依据为自己辩护，有地方为自己寻求帮助。

（三）要建立维权的传感体系

信息之间的有效传递是维护高校学生利益的重要保障，不但能在侵犯学生利益的行为发生时采取有效的措施制止，而且能够在必要的时候给予帮助。此外，高效的传感体系能够将种种矛盾逐步反馈，避免量的积累达到质的变化。在维权机制尚未健全的过程中，高效的传感机制的作用是不可替代的。既要在学校的党政组织内建立传感体系，又要在学生组织中建立，并且要实现两个系统之间的有机结合。

（1）高校要努力树立以学生为主、为学生服务的意识，让学生有地方说出自己的想法。

（2）要加强高校学生维权的意识和责任，不但能大胆地说出自己的想法，而且要保证信息的真实性和客观性。有效信息的传递是维权工作变被动为主动的重要途径，也只有具备一个高效的传感体系，维权工作才能落实到每个学生的身上。

第四章 高校既有的学生管理模式分析

第一节 高校制度化与人性化管理模式

一、高校的制度化管理及其局限性

首先,什么是制度化管理?制度化管理是指以科学的规章制度对人们的行为进行管束的机制。它主要依靠外在的科学理性来进行管理。制度化管理是与机器生产一起产生的,在高校的制度化管理中,学校制定了严密的规章制度以约束学生的行为,让学生减少了思想行为的散漫性、无纪律性,从而打造了一种公开透明的环境,这可以保证课堂教学的有序进行。

其次,制度化管理是以教学为核心的。它倾向于把课堂的教学过程设计成一架精确的机器,在管理的过程中,只讲究理性和秩序,而很少考虑人的因素,因此它存在着很明显的局限性。第一,高校的制度化管理是一种冷冰冰的建立在"外物"上面的管理体系,它没有人情味,它通过一整套的规章制度规定、限制了学生的思想和行为,从而削弱了学生学习的积极性。第二,每个学生都是独一无二的个体,尤其是大学生们朝气蓬勃、个性明显,然而在制度化的管理中,制度的"刚"性忽略了每个学生不同的个性需求,致使每个学生的个性得不到应有的尊重。原本管理就应该因时、因地、因人而采用比较灵活的方法,但如果采用制度化管理就很难做到这一点。

最后,制度化管理在一定程度上束缚了当代学生的思维,压抑了学生的创新精神。

二、高校人性化管理的实质及弱点

什么是人性化管理?人性化管理强调在高校的管理中把"人"这一要素放在第一位,学校一切的管理活动应该围绕着调动人的积极性、创造性展开。教师在教学授课的过程中应该尊重学生、爱护学生,让学生的潜能得到最大限度的发挥。

美国著名心理学家马斯洛认为，人类有五种层次的需要：生理需要、安全需要、社交需要、尊重需要和自我实现的需要。他认为作为一个文明人，所追求的终极目标就是自身价值的实现，而人性化管理的理念也是基于此。但是，如果管理者在管理过程中孤立、片面地理解了这一概念，就会使学生变得缺少了制度的约束，这样就暴露了一些人性中固有的弱点，比如懒惰、自私、虚荣，等等。基于这种现象，本文认为应该把制度化管理和人性化管理有机结合起来，确保学生的健康成长。

三、制度化管理和人性化管理结合，进行有效管理

制度是保障高校学生正常地生活、学习的基本规范，理解制度化管理和人性化管理要注意两个方面：一是制度对所有学生都一视同仁，所有学生都要遵守学校的规章制度。二是在学校制度的严格要求下，对学生的基本权利有一定的保障作用，对学生的积极创造性也有激励作用，也就是说学生的权利要靠制度来维系。制度的两大功能就是建立在对人性优点和弱点的把握之上的。一方面，它保障了人性中优点的发扬，另一方面，它也约束着人性中弱点的泛滥。通常情况下，学生更在意制度的约束管教功能而忽略了制度的保障保护功能。这也不难理解，因为制度的硬性约束是以规章制度等表现在外面的，而约束人性的动物性、弱点等都是隐性的，不容易被察觉，这也是学生常常认为学校的制度化管理缺乏人情味的主要原因。

高校在制定学校的相关管理制度时应该向全校教职员工征求意见，在制定制度的过程中，学校领导应呼吁广大教职员工积极参与，以确保制度制定后能代表着广大师生的意愿，能更好地服务于教学活动。具体表现，在学校重大的制度制定之前，负责该事项的校领导干部征求师生意见，而后收集整理，然后再开始拟定制度的草稿，随后在教职工大会上展开充分的讨论，根据讨论后的结果对草案进行修改整理。这样制定出来的制度才容易得到教职员工的认可，也体现了学校的人性化管理，让制度化和人性化管理很好地结合在一起。

正如再好的千里马如果没有遇见伯乐，那么就将被埋没在众多资质平庸的马之中一样。如果一套科学合理的管理制度，在贯彻执行中出现了偏差，那也就不能发挥它原本的很好的作用。

针对我国现阶段部分高校管理中存在的制度执行力不足的现象，我们要拿起"人性化管理"这个武器。在管理过程中，管理者要做到以身作则，严格要求自己，其身正，不令则行；其身不正，虽令不从。人都是有感情的个体，学生看到了教师的高风亮节之后，自

然会追随教师的脚步,也向美好的方向发展。

综上所述,制度化管理与人性化管理二者并不是互相对立的,二者是相辅相成的。制度化管理不能完全否定人性化管理,制度的建立也要以人性本质作为依据。并且,在高校管理实践中,制度化管理和人性化管理互相配合,更有利于为学生创造一个良好的外部环境。21世纪,人才是最重要的生产力,只要把制度化管理和人性化管理高效和谐地统一起来,才能为我国的现代化建设培养出更优秀的人才。人性化管理的实质就是更高层次的制度化管理。只有在人性化管理原则的前提下,高校进行严格的制度化管理才能取得良好的效果。制度化和人性化在高校的管理过程中是一对既对立又统一的结合体,制度化有一定的刚性,而人性化有一定的柔性,俗话说得好:"刚易折,柔易懦。"在高校的管理时间上,应该刚柔并济,方能取得令人满意的成果。

第二节 高校温情化管理模式

一、温情化管理的理念

学生管理工作者的管理理念对一个学生来讲是非常重要的。班主任要树立正确的班级管理理念,坚持以学生为本,在学生面前树立师者风范,但同时又须和学生结交为朋友,拉近距离;在学生犯错的时候,不能一味地严厉批评,要给予适当的宽容;在学生取得成绩的时候要毫不吝啬地给予鼓励和表扬。让温情的味道贯穿整个班级管理工作之中,让学生从班主任身上首先看到温情。

二、温情化的管理模式

温情化的管理模式要注重以下几个要素:亲情化、友情化、温情化、随机化、制度化。

(一)亲情化是幸福的渊源

大部分学生认为,家庭幸福是自己最大的幸福。家庭是亲情的所在,学生重视家庭,那么班主任在进行班级管理的时候,可以把家庭中的亲情融入管理之中,采用亲情化的管理模式。对待班级的学生像对待家人一样,不用一种外人的眼光看待学生的事情,而是用一种"自己家人的事情"的态度去对待,让学生在班级中感受到家的温暖,感受到家人的亲情无处不在。同样，班主任也要引导学生树立班级是一个大家庭的理念，同学之间是兄弟姐妹，师生之间就像是父母与孩子的关系，让亲情在整个班级中贯穿。

（二）友情化是幸福的扩展

友情是一个人亲情之外的另一种非常重要的感情寄托，和学生结为朋友，拉近距离，同时可以引导学生树立正确的朋友观。在某些人眼中，师生之间的地位往往处于对立面，尤其是班主任和班级学生。采取友情化管理模式的第一步：班主任和班级学生要结为朋友。这样班主任可以知道学生现在的兴趣爱好，了解他们对待事物的看法，探知他们的心里所想，便于班主任对于班级的管理。友情化管理模式的第二步：引导学生树立正确的朋友观。班主任要让班级学生明确什么样的朋友才是真正的朋友，明确朋友的真谛所在。朋友是在你最需要的时候陪在你身边，在你不需要任何言语的时候给予你默默的帮助，会在意你的一些细微的变化等的人。友情虽然不及亲情来得那么血浓于水，但也是非常长久的。一个人拥有真正的友情会感觉到非常幸福。

（三）温情化是幸福的内涵

温情是一种温顺体贴的情谊。温情式的管理模式主要是调动人的内在作用。

班主任对于班级的学生应该采取温情化管理模式。对待不同类型的学生都温顺体贴，让学生感受到班主任在班级一视同仁，没有任何的偏袒，非常公平公正，不会让学生因为自己学习成绩差，而以为班主任看不起自己，不会因为自己非常调皮，而以为班主任讨厌自己。这样，班主任在学生心目中的地位就会加深一步，从而让学生感到在这个班级，拥有这样的班主任非常幸福。

（四）随机化是幸福的催化剂

随机化的管理模式也就是在管理之中随意性比较强，没有任何规则可以遵循，这在班级管理之中体现为学生兴趣发展的随机化。班主任应该采取随机化的管理模式，对不同学生的兴趣爱好给予鼓励和支持，而不是在其之上强加一些东西，甚至是要求统一化。学生在班级之中能够把自己的兴趣爱好、特长表现出来，对于其本身也是一种鼓励，学生内心中也会感到非常骄傲和自豪，幸福之感油然而生。

（五）制度化是幸福的方圆

制度化的管理模式就是按照已经制定好的规则来推动班级的管理。"不以规矩，不成方圆"。做任何事情都要有一个规则或者是准则来要求自己、约束自己。班规对一个班级来讲是必不可少的，身为这个班级的一分子，遵守班级纪律是非常重要的。班级的管理，可以有亲情、友情、温情，甚至是随意性的管理，但要以一定的规章制度作为前提。要求大家在一定的方圆之内体会亲情、友情、温情的含义，做到自己的兴趣爱好随机性地发展。如果少了一些规矩，幸福似乎就少了一些章法。

三、温情化的管理方法

（一）语言关怀

语言是一个非常深奥的东西，是一门艺术，是人与人之间交流的一种媒介。我们不仅要注意说话的内容，还要注意说话的语气。班主任在和学生进行交流的时候，要通过自己的语言，体现出对于学生的关怀：多一些鼓励性的话语，少一些讽刺挖苦的言语；多一些赏识性的话语，少一些批评的言语；多一些尊重的话语，少一些霸道的言语；多一些关怀的话语，少一些蔑视的言语，给学生充分的肯定，使学生感到喜悦，感到幸福。

（二）行为关怀

如果说语言是一门艺术，那么行为则是另外一门艺术。行为是我们脚踏实地地把我们的一些想法展现给他人的一种媒介。班主任在管理班级学生时的行为关怀,形式多种多样。幸福说简单很简单，说难也很难。作为一名班主任，从学生的幸福需要出发，采取温情化的管理，可提高学生的幸福指数，能让学生管理工作由难变易，让易事变得更简单。

第五章　高校大学生学习理论研究

第一节　大学学习的特点和基本原则

一、大学学习的特点

（一）学习目的具有全面性

国际21世纪教育委员会把学会求知、学会做事、学会共处、学会做人作为21世纪教育的四大支柱。大学生只有学会求知、学会做事、学会共处、学会做人，具有良好的个性品质、精深的专业知识、较强的创新精神和实践能力，才能适应社会发展的需要，成为全面发展的高级专门人才。

1. 学会求知

就是"学会如何学习"，明白自己为什么学，学什么，怎么学，能够不断提出问题进而不断解决问题，学以致用。学会求知，是信息时代、知识社会对人的必然要求，是大学学习的主要目标，也是胜任未来工作和可持续发展的关键。

2. 学会做事

就是知道自己为什么做事，应该做什么事，怎样做事。学会做事，要从眼前做起，从细节做起，用心、有恒心、细心，才能成功。

3. 学会共处

就是学会与人一起生存、发展，学会生活、交往，学会关心自己、关心他人、关心社会、关心环境、关心人类，与他人和谐相处。

4. 学会做人

就是学会自理、自立、自主、自制、自信、自律、自强，热爱生命，感激生活的给予，珍惜亲情和友情，关心和体贴父母，承担自己应尽的义务，做一个堂堂正正的人。

（二）学习内容专且博

大学的学习是一种高层次的专业性学习，这种专业性是随着社会要求的变化和发展而不断深入的。知识不断更新，知识面也越来越宽。大学生一进入大学就有一个专业方向，大学期间的整个学习，基本上都是围绕着这个大方向来安排规划的。每个专业都有其专业培养计划，它明确规定了专业性质、培养目标、课程安排和教育环节。大学生对自己的专业是否有兴趣，是否学得扎实牢固，会直接影响到其学习热情，进而会影响到其整个人生发展。有的学生就读的是自己喜欢或擅长的专业，有的学生则是出于就业或经济上的因素而选择了自己不太擅长或不太喜欢的专业。但对任何大学生来说，既然选择了某一专业，掌握精深的专业知识就是其首要任务，也是未来职业发展的基础。

大学的学习又是一种广泛性学习。在科学技术迅猛发展的今天，知识和技术不断分化，学科门类不断增多，信息浩如烟海，社会职业变动加快，人员流动性大，这就要求每个劳动者应具有较广泛的知识和多方面的才能。因此，每位大学生都应广泛学习，掌握多种本领，既要学习专业知识，又要学习科技文化知识，不断拓展知识面；既要学习书本知识，又要学习社会知识，推进个体社会化；既要培养学习能力、研究能力，又要培养工作能力、创造能力，提高综合素质。

（三）学习形式具有多样性

大学学习的形式是多种多样的，课堂学习是大学生获取知识的主要渠道，但不是唯一途径。除了课堂学习外，还可以通过自学、讨论、讲座、实验、实习、参观、科研活动、电脑网络、社团活动、社会实践活动等形式进行学习。多种多样的学习形式是由学习内容专且博的需要产生的，它对于形成和完善大学生的知识能力结构、提高大学生的综合素质起到了很好的作用。特别是自学这一形式，是大学学习区别于中小学学习的重要特点，它不仅是学生消化和吸收知识的重要渠道，而且是培养学生创造性和独立性的主要途径。在大学，无论是课堂学习，还是课外学习，都离不开大学生个人的自学。大学生个人的自学意识和自学能力如何，直接影响到他的学习状态和未来发展。

（四）学习过程具有自主性

大学学习，无论学习内容、学习方式和学习时间，都更加强调个体的自主性。自主性的学习方式，将贯穿于大学学习的整个过程，并反映在大学生活的各方面。学习过程的自主性主要表现在以下几方面：一是大学生对学习内容有较大的选择性。大学的课程安排既有一定的必修课，又有大量的选修课，还有丰富多样的讲座，大学生可以根据自己的成长规划、兴趣爱好有选择地听课、学习。二是强调学习过程的能动性。大学学习，虽然也有老师讲课，但是在老师授课之后的理解、巩固、应用等各个环节，主要靠学生独立去完成，这就需要大学生有较强的学习自觉性、能动性。三是对学习时间安排有较大的自主性。大学学习，课堂讲授较少，自由支配的时间较多，这就需要大学生充分发挥主观能动性，统筹规划，合理安排自己的学习时间，充分提高学习效率。四是自我评价学习效果，自我总结学习经验，养成自主学习的良好习惯。大学生能否发挥学习的自主性，已经成为衡量他们学业拓展能力的重要指标。

（五）思维活动求创新

变不可能为可能，是创新型人才的特质。莫扎特还是海顿的学生时，曾经和老师打过一个赌。莫扎特说，他能写一段曲子，老师一定弹奏不了。世界上竟会有这种怪事？早已功成名就的海顿对此岂能轻易相信。莫扎特将曲谱交给了老师，海顿来不及细看便满不在乎地坐在钢琴前弹奏起来。仅一会儿工夫，海顿就惊呼起来："我两只手分别弹钢琴两端时，怎么会有一个音符出现在键盘的中间位置呢？"接下来，海顿以他那精湛的技巧又试弹了几次，还是不成，最后无奈地说："真是活见鬼了，看样子任何人也弹奏不了这样的曲子了。"显然，海顿所讲的"任何人"也包括莫扎特。只见莫扎特接过乐谱，微笑着坐在琴凳上，胸有成竹地弹奏起来。当遇到那个特别的音符时，他不慌不忙地向前弯下身子，用鼻子点弹而就。海顿禁不住对自己的高徒赞叹不已。"世界上没有不能弹奏的曲子"，这是创新学推崇的一条座右铭。

创新是一个综合性概念，是新思维的动作结果，与认识、分析、记忆和处理事物的综合智力有关，也与人的求知欲、独立性、灵活性、观察力、坚韧性等非智力因素密不可分。大学教育重视培养学生具备会思考、探索问题的本领，要求学生不但要掌握所学的知识，而且要掌握知识的形成过程，了解专业发展状况、存在的问题以及解决这些问题的可能性，掌握专业的研究方法，培养独立思考、探索创新的精神。在学科教学中，大学教师会把自己的研究成果和国内外本学科、本专业的最新研究动向、成果及趋势介绍给学生，引导学生跨入本学科领域的前沿阵地，激发学生的创造热情，为以后的创造性工作打下基础。因此，大学生在学习过程中要不断激发自己的创新意识，不轻易相信现成的结论，不盲从他人，要敢于打破思维定式，力求有自己独特的见解和思考的角度。

二、大学学习的基本原则

（一）目标明确

美国马里兰大学管理学兼心理学教授洛克在20世纪60年代提出的目标设置理论认为，目标是行为最直接的动机，设置合适的目标会使人产生希望达到该目标的成就需要，因而对人有强烈的激励作用。从激励的效果来看，有目标比没有目标好，具体的目标比空泛的目标好，能被执行者接受而又有较高难度的目标比唾手可得的目标好，自己制定的目标比别人强加的目标好。对大学生来说，首先要清醒地认识到自己的社会责任感，根据自己的条件，规划出大学学习应该达到的总目标，并将总目标具体化为阶段目标，如学年目标、学期目标、月目标、周目标、日目标，逐步落实，不断推进进程。

（二）循序渐进

学习是一项认识活动，人们对事物的认识总是由表及里、由现象到本质的。大学的任何学科都有其自身的逻辑性、系统性，先学课程往往是后学课程的基础，而后学课程则是先学课程的延伸。因此，大学生在学习过程中要遵循循序渐进原则，根据各门学科的知识结构、认识活动的规律性，由浅入深、由低到高地系统地掌握知识技能、发展能力。要做到循序渐进地学习，首先要根据自己已有的知识结构和能力特点，制订好学习计划——选定学习方向和内容，安排好学习日程，正所谓"凡事预则立，不预则废"。其次按计划要求打好基础，积跬步而至千里，积小流而成江河。

（三）博约相济

博约相济是指学习要博与精（约）相结合。博学与专精是相辅相成、相互促进的对立统一关系，博学是专精的基础，专精是博学的归宿。只有把博学与专精结合起来，才能形成最佳的知识和智能结构。为此，要加强基础理论的学习，博览群书，多闻多见，上至"天地万物之理"，下至"修己治人之方"皆为学习内容。文科的学生必须加强自然科学知识的学习，理科的同学则需要加强人文社会科学的修养，促进学科之间的融合。同时，要学有中心，术业有专攻，对知识要有透彻的理解，才能将自己培养成为基础知识扎实、知识面宽、技术过硬、适应能力强的合格人才。

（四）学思结合

学思结合就是在学习的过程中，要把接受知识、理解知识和巩固知识结合起来，把学习和思考结合起来，相互促进，步步上升。正如爱因斯坦所说："学习知识要善于思考、思考、再思考,我就是靠这个学习方法成为科学家的。"① 要做到学思结合,首先要扩大阅读量,多观察,多实践,以获取丰富而正确的感性知识。其次,要学会运用分析与综合、比较与归类、抽象与概括、系统化与具体化、归纳与演绎等思维方法,勤于思考,将感性知识上升为理性知识,掌握事物的本质特征和发展规律。再次,要善于发现问题,抓住事物的主要矛盾,通过有效方法去解决问题,提高自己的创造性思维能力。

(五)温故知新

温故知新就是学习要经常地复习巩固。通过复习和综合思考,不仅有利于巩固已学过的知识,而且可以促进各种知识融会贯通,形成个体的知识系统,在运用(考试或解决实际问题)的时候能够随时"提取"。当然,大学的复习巩固不能像中小学那样仅限于教材,用死记硬背的方式去记忆词语、定义、原理以及案例分析,那样虽然可以一时记住教材的知识点,但视野狭隘,容易遗忘,是不科学的巩固知识的方式。大学的复习巩固应当围绕学科,通过多阅读相关书籍验证所学知识,加深对学科知识的理解、巩固,获得新知识、新思想、新境界。

(六)知行合一

知行合一就是要求把学习理论知识和参加社会实践结合起来,做到学用一致,学以致用。只有知行统一,学习才能获得真知。颜元说:"读得书来,口会说,笔会做,都不济事,须是身上行出,才算学问。"② 如何做到知行统一呢?首先要重视书本知识、理论知识的学习,把握事物的发展规律;其次要把书本知识应用到实践中去,通过实践验证理论知识,巩固理论知识,培养自己的创新精神,提高自己解决问题的能力。

三、学习计划的制订与执行

(一)制订学习计划的重要性

人们做任何事情,首先都应该有个计划,学习也不例外。有没有学习计划,学习效果是大不相同的。

1. 科学合理的学习计划,有利于学习目标的实现

学习计划能使人进一步明确学习任务,实现学习目标的愿望,推动个体自觉地学习。计划性越强,目标就越明确,勤奋学习的动力就越大,目标就越容易达到。

---

① 爱因斯坦.爱因斯坦文集(第1卷)[M].许良英,范岱年,译.北京:商务印书馆,1976
② 颜元撰.存学编四卷[M].济南:齐鲁书社,1995.

2. 科学合理的学习计划，有利于提高学习成效

学习计划对学习的方向目标、内容进度、方式方法都应有明确的规定，什么时间干什么，什么时间应达到什么要求，有序安排学习活动，减少时间浪费，提高学习效率。

3. 科学合理的学习计划，有利于良好意志品质的形成

学习是一种艰苦的脑力劳动，总会遇到各种冲突和矛盾，这就要求大学生努力抵制诱惑，解决困难和排除干扰，把计划进行到底。良好的意志品质是学习成功的重要保证，学习的成功又促进良好意志品质的形成和发展。

4. 科学合理的学习计划，有利于良好学习习惯的养成

美国心理学家威廉·詹姆斯说过："播下一个行动，你将收获一种习惯；播下一种习惯，你将收获一种性格；播下一种性格，你将收获一种命运。"[①] 有了学习计划并能认真执行，人的学习生活就有了规律，长期坚持就会成为自觉行动，良好的学习习惯也就形成了。

（二）制订学习计划应注意的问题

一般来说，学习计划由目标说明和时间安排两部分组成。制订学习计划应注意以下几个问题：

1. 分析自我，找准目标定位

制订学习计划首先是从确定学习目标开始的。每位大学生都要认真思考自己的人生目标是什么，大学四年的发展目标是什么，每个学年、每个学期的目标又是什么。否则，就会像无根的浮萍一样，不知飘向何方。为此，要认真分析自己的学习基础、学习现状、学习特点，做到既"仰望星空"，又"脚踏实地"，确定的目标既不过高又不过低，是经过努力可以达到的。

2. 突出重点，科学分配时间

学习是无限的，而时间是有限的。制订学习计划，最终是要将学习内容分配到各个时间段内，以进程表的形式呈现出来。因此，在制订学习计划时，要科学合理地分配时间，做到保证重点、兼顾一般、留有余地，既要考虑学习，也要考虑休息和娱乐；既要考虑课内学习，也要考虑课外学习，还要考虑社会交往、公益活动等的时间分配，提高时间的利用率。

3. 统筹兼顾，长计划短安排

大学生在整个大学期间，甚至在一学年、一学期里，究竟要完成哪些任务，达到什么

---

① 威廉·詹姆斯. 美国精神三部曲：实用主义 [M]. 王怡然，陈鋆，译. 北京：北京理工大学出版社，2019.

水平，应当有个大致计划。但仅有长远计划是不够的，还要把长远计划的目标，具体分解到每月、每周、每天去完成的小任务，做到长计划短安排。有了具体的短安排计划，长远计划中的目标就可以逐步得到实现；有了长远计划，又可以在完成具体学习任务时，心中有明确的目标方向。

（三）落实学习计划

制订计划是开始，落实计划是关键。如何让自己的学习计划能够顺利实施，不断提高学习成效呢？

1. 立即行动

计划制订之后，就需要我们立即采取行动。反之，如果将其束之高阁，那么，它就只能是你的一个计划而已，目标自然难以实现。顾修全博士在他的《自我创富学》一书中说："一切的成就，一切的财富，都始于一个意念。"[①] 现实中，许多人都有宏伟的目标，也有令人鼓舞的行动计划，但是，他们之所以没有成功，最根本的原因就是从"明天"开始他们的计划。

2. 贵在坚持

在实施学习计划过程中，经常会受到各种事务的干扰，如过多的非学习活动、吸引人的网络游戏、周围不思进取的同学等，影响着学习计划的进行。因此，必须有一以贯之的恒心和毅力，用顽强的意志控制自己，排除一切干扰，始终朝着既定的目标前进。

3. 勤于检查

在实施学习计划过程中，要勤于检查，每天都要回想一下当天的学习计划的执行情况，一个阶段做一次阶段检查，学期结束要做总结性检查。自己完成了哪些计划任务？花了多少时间？时间利用率如何？效果怎么样？怎么改进？这是保证学习计划切实执行的组织措施，也是自我控制的有效方法。

4. 适时调整

在实施学习计划的过程中，会遇到一些意想不到的问题，如学校教学计划的修改、调整，某个教学环节的变动，学习中出现一些困难和问题等，需要我们对学习计划做适时的调整，使之更具可行性，最终保证学习计划的完成。

---

① 顾修全. 自我创富学 [M]. 北京：国际文化出版公司，1993.

第二节　大学生大课堂学习

一、有效利用课堂

课堂是学习的主渠道，是大学生获取系统知识、发展智力能力、养成良好品德的最基本的有效形式，课堂教学内容也是学业考核的主要依据，而考核成绩的好坏又影响到学生个人能否顺利毕业。大学生除了以积极的态度投入课堂学习外，还应注意课堂学习的有效方式。

（一）预习寻疑

预习就是学习者在课前对学习内容进行自学，大致了解课堂学习内容的范围、要点、重点、难点和疑点，为课堂学习做准备。它是大学课堂学习的起始环节，对提高课堂学习的主动性，对理解知识、巩固知识和培养自学能力都有一定的帮助。

预习一般分为总预习、阶段预习和课前预习三种。总预习是在一门课程开讲之前，概括了解课程的结构体系，以确定自己的学习目标和方法。阶段预习是指单元或一章的预习，通读单元或全章的内容，划出要点，以确定阶段学习计划。课前预习是指每次课前，对即将学习的内容进行较为详细的预习，明确难点疑点，确定听课重点。预习的方法多种多样，可根据学科特点和个人情况加以选择，最常用的是阅读法，它要求对教材细读深思，将读不懂、思不透的地方记录在笔记本上，然后带着这些疑问听课，以便取得较好的效果。

（二）听课释疑

大学虽然强调学生的自学，但听课仍然很重要，听课的效果通常比学生自己阅读的效果更好些。这是因为，教师的授课都是经过认真准备的，综合了本学科各方面的知识，传递着当前学术界的最新研究成果，节省了学生直接查阅有关书籍资料的时间。同时，教师能根据听课者的特点和需要，采取适当的方式将信息有效传递给学生，提高学生在单位时间内的信息获取量。

听课的目的在于听懂，听懂的关键在于会听。怎样听课才叫会听呢？

1. 要调动多种感官去听课

做到眼到、耳到、心到、口到和手到，既要听全、听准、听懂，也要看教师的表情、手势、板书、教具、课本，还要紧跟教师的思路，集中心力，积极思考，在头脑中及时加工整理，将教师讲授的知识归附到自己的知识体系中。必要时，还应回答问题，参与讨论，记录重点难点，做练习。

2. 要紧跟思路去听课

不仅要听教师讲授哪些观点和内容，更重要的是要紧跟教师讲课的思路，理解和把握这些观点和内容之间的内在的逻辑联系。思路就是思考问题的轨迹，一般包括提出问题、分析问题和解决问题三个环节。听课时，要认真思考教师是怎样提出问题、分析问题和解决问题的。

3. 要抓住重点去听课

一般来说，讲课的重点多在开场白、反复讲解处和结束语的提示或暗示中。开场白虽然寥寥数语，但却是课堂讲授的"纲"，涵盖了整堂课的知识脉络、内容提要和学习方法。反复讲解、强调的，多是重点和难点。结束语话虽不多，但往往是小结、概括和要求，对进一步理解本课内容有着不容忽视的作用。

4. 要带着问题去听课

学习者在预习和听课的过程中，都会遇到一些疑难问题，内心总想得到及时解决，从而激发出求知热情和探究渴望。带着问题去听课，目的明确，针对性强，学习积极性高，能有效提高课堂效率。

（三）讨论质疑

课堂教学不仅是教师向学生传授知识的过程，也是师生之间、学生之间多向交流的过程。讨论是课堂交流的一种有效方式，是学生在教师的指导下，围绕某一中心问题，互相质疑、集思广益的过程。积极参加课堂讨论，可以激发学习兴趣，活跃思想，培养自主学习的精神，可以锻炼分析问题和解决问题的能力，可以提高口头表达能力，有利于对知识的理解和掌握。积极参与课堂讨论，首先要做好充分准备，包括认真阅读教材，收集相关资料，列好发言提纲。其次，讨论中要认真倾听他人的意见，分析对错，以便及时修正和补充自己的观点与材料；语言表达要清晰、准确、简练，要重视事实、讲道理，做到以理服人。最后，要学会整理讨论结果，综合各种意见，提升自己对问题的认识，形成恰当的文字记录。

二、做好学习笔记

（一）笔记的重要性

笔记可以帮助我们突破大脑记忆的限制，可以给日后的温习带来方便，对于难度较大、需要课后反复思考的科目，这种方便性尤其明显。记好课堂笔记是一个很重要的学习技巧。即使有教科书，也不能代替课堂笔记，因为大学里有经验的教师，往往会突破教材的体系和内容，传授一些个人治学的成果、体验和方法，即使是成熟的理论，教师也会讲出书上没有体现出来的内容，提出一些尚待研究的问题及研究的方法，这些都是极为宝贵的。事实证明，会记笔记的学生，学习效果要比没有笔记的学生好。

（二）做笔记的方式

笔记主要有两种，一是课堂笔记，二是读书笔记。做这两种笔记的方式有所不同。

1. 做好课堂笔记

课堂笔记是构建知识结构的预制件和原材料，也是课堂学习的备忘录。做好课堂笔记，是提高听课效果的重要方法，它不但能积累资料，形成信息存贮，同时也有助于课后的理解、记忆、复习。一般来说，做好课堂笔记需要注意以下几个方面：

（1）留下思考的空间

一般在记笔记时要留下三分之二或四分之三的空白部分方便课后整理或做阅读笔记时使用。

（2）详记老师的板书

课堂上老师的板书是以提纲、图、表的形式展现一节课的主要内容，它反映了知识之间的逻辑联系，可以启发我们的思维，提高我们分析问题、解决问题的能力，应当完整地记录下来。

（3）善于记录重点和难点

课堂上时间有限，在聆听老师的讲授中，我们不可能完整地把课堂内容全部记录下来，因此，我们应该有选择地学会摘录老师所讲的重要理论、观点和内容。

（4）学会摘录典型事例和补充内容

一般有代表性的、能说明问题的事例，我们应记录下来，以便以后复习理解。对于老师为了更好地说明问题，在课堂上补充的课本知识以外的内容，如作者的生平和写作材料等，也要有选择地进行记录。

2. 做好读书笔记

读书笔记有繁有简，有难有易，采取哪一种由个人水平和所阅读书籍的性质来决定。做读书笔记，简单易行的方法之一就是做记号。读书做记号，简单又方便。如果书是自己的，在阅读时可以在书上标（画）出各种各样的符号，也就是做记号。每一本书或一篇文章，都有它的中心思想，在读书的时候，就要用记号标出书中的着重点及需要注意的字、词、句、段、格言、警句。

（三）经常整理笔记

笔记是提高学习效果的重要方法，它是我们积极用脑，以自己的理解表述出来的，力求简要清晰、重点突出。好的课堂笔记和读书笔记，让人一看就知道记录了哪些问题，解决了哪些问题，重点是什么，这就要求要有条理性、层次性地分段分条记录，表达意思要清楚。因此，在听课或阅读文章后要注意经常整理和完善笔记，把缺漏内容补上，在重要的部分做上记号，温故知新。

三、课程考试

考试作为检测学生学习成绩和检验教师教学的重要手段，是大学教学活动中不可缺少的一个重要环节。考试一般安排在期中和期末。考试形式多样，包括写小论文、开卷考试、闭卷考试、开卷与闭卷相结合等。考试成绩的好坏，对学生下一阶段的学习乃至毕业有重要的影响，因此，能否顺利通过考试，能否在考试中取得好成绩，与每一个大学生都有切身的利害关系。

（一）考前做好充分准备，切忌临时抱佛脚

如何才能顺利地通过各种考试，并取得好成绩呢？这主要取决于学生平时对课程内容的熟悉、掌握和应用程度。要充分认识学习的重要性，要有高度的学习自觉性和自信心。有的同学平时不努力，考试时才临时抱佛脚。临时抱佛脚的复习方法往往是死记硬背，会影响我们想象力、创造力的发挥，最终影响到考试成绩。因此，要高度重视平时的学习，课堂上认真听老师讲课，坚持做笔记，课后注意及时消化、吸收、巩固知识，按时完成老师布置的作业，打好"有备之仗"。

（二）制订好考试复习计划，吃透大纲

在大学，课程的教学有明确的教学大纲。因此，要十分明确教学大纲的要求，根据学校考试安排和自己的情况制订好复习计划，避免盲目和陷入被动情况之中。

（三）总体把握，选择重点

在复习过程中要把系统复习与突出重点、难点相结合。首先是进行系统复习。全面系统地掌握这门课的基本框架、基本概念和基本原理。其次是掌握重点、难点。在进行系统复习后，要能区分哪些内容自己比较熟悉，已经掌握，哪些不熟悉，哪些是本书的重点、难点，对重点、难点、不熟悉的内容，要进行多次反复的复习和思考。

（四）养精蓄锐，善于发挥

考试前一定要养精蓄锐，劳逸结合，有压力但不感到恐惧，使自己精力充沛、精神饱满地投入考试。此外，要认真研读考试规则，不要有作弊的侥幸心理，因为考试不及格还有补考或重修的机会，而作弊一旦被发现，会被从严处理。

四、撰写论文

论文大致有两类：一是课程论文，二是毕业论文。课程论文是高校学生在学完一门课程之后，对课程进行总结或围绕与课程有关的问题独立撰写的一篇小文章。它是衡量学生掌握和应用所学课程知识的重要手段，为以后写毕业论文或科技论文，开展科学研究奠定坚实的基础。毕业论文是高校学生毕业前要完成的一项重要工作，是大学期间学习的总结汇报。论文写作有以下几个主要环节：

（一）选题

选题是论文写作的首要环节。选准、选好论题，在论文写作中，可以起到事半功倍的作用，反之则可能事倍功半。如何着手选择一个题目呢？第一，选择的问题应该落在与本专业相关的大范围内。第二，问题应该具有一定的理论意义和实践意义，是值得去做的。第三，应该具有可行性，是自己有能力加以讨论和研究的。第四，选题要有新意、有深度，要选择理论和实践中的热点、重点、难点和焦点问题。第五，选题要具体，选题忌"大而全"，提倡"小而全"。"大而全"容易论空，单是介绍"题中应有"之义就差不多了。"小而全"论起来具体，有利于论文写作的深入展开，也有利于发挥能力。

（二）搜集资料

选题初步确定以后就要认真去搜集有关的资料，必须保证有充足的材料来论证自己的选题，而且要从搜集的材料中论证出一些新的东西，而不是重复别人的观点。资料的搜集有多种方式，如利用图书馆、网络等途径查阅现刊、过刊，阅读相关书目或向指导老师请教等。此外，检索文献也是完成论文的一个重要步骤。论文要有新视点、新发现、新主张，就必须占有充分的学术信息，在此基础上才能言之有理、论之有据，才能提出新问题，开拓新领域。

（三）明确论点与列提纲

经过选题、文献检索后，拟出论文的大体框架，也就是列提纲。拟定提纲要有全局观念，要从中心论点出发，要考虑各部分之间的逻辑关系，包括总论点、分论点、论据、论证等。

（四）撰写

在撰写论文过程中一定要注意以下几方面的问题：一是理论正确，论文写作谈论的问题一定要集中，围绕主要概念展开，能运用辩证唯物主义和历史唯物主义的方法分析问题，从而提出一些创新点。二是有材料，论据充分，言之有理。三是论文结构严谨，层次分明，不能为了凑数字而写成"散文"。四是语言准确、简洁、通畅。五是论文初稿要进行多次修改。综上所述，论文必须有创见，有新意，而且要十分规范，有引文、注释和参考文献。任何一篇好的论文都不可能一蹴而就，它需要我们平时的知识积累与沉淀，更需要一个严谨、科学的治学态度。

第三节　大学的第二课堂学习

一、第二课堂的学习

1983年，我国著名教育家朱九思等在《高等学校管理》一书中率先提出了"第二课堂"[①]的概念，书中指出第二课堂是在教学计划之外，引导和组织学生开展的各种有意义的健康的课外活动。第二课堂相对于按照教学大纲开展的课堂教学（第一课堂）而言，是课堂教学的延伸、补充和发展。随着时代的发展，对于人才的培养要求赋予第二课堂更多的内涵，包含创新创业、文体活动、学科竞赛、志愿服务、社会实践、学生组织锻炼等活动，每一类型的活动又由不同形式的子活动组成。总而言之，第二课堂内容丰富、形式多样，更贴近学生的喜好和需求。学生可根据自身兴趣爱好、专业特长，选择参加其中的活动，实现个性化的综合性学习。第二课堂的学习有利于培养实践能力，提高综合素质。

---

① 朱九思，蔡克勇，姚启和.高等学校管理[M].武汉：华中工学院出版社，1983.

二、科学有效利用时间

（一）时间就是生命

时间是一种特殊的、珍稀的资源，它不能再生，也不能储存、倒转。俗话说："一寸光阴一寸金，寸金难买寸光阴。"成功与失败的界限往往在于怎样分配时间，怎样安排时间。谁能赢得时间，谁就能赢得知识、赢得智慧、赢得学业和事业的成功。国画大师齐白石长期坚持"不教一日闲过"。达尔文说："我从来不认为半小时是微不足道的很小的一段时间。"[①] 大学四年或三年，听起来很长，实际上许多即将毕业的同学都深感"只是转眼一瞬间"，因此，大学生必须学会珍惜时间，有效利用时间，才能更好地获取知识、增长才干。但可惜的是，仍有一些大学生不重视时间的管理，把最宝贵的青春时光花在了闲聊玩乐中，致使学业荒废，学无所成。

（二）把握时间的特性

1. 绝对公平性

时间广泛存在，人皆有之，对每一个人都给予同等的待遇，在任何情况下不会增加，也不会减少，每天都是 24 小时。

2. 不可再生性

时间无法像失物一样能失而复得，它一旦丧失，则会永远丧失。花费了金钱，尚可赚回，但倘若挥霍了时间，任何人都无力挽回。

3. 不能储存性

无论过去、现在还是将来，时间都是来无形、去无踪、看不见、留不住的，从不停留和中断。不论愿不愿意，我们都必须消费时间，不能节流。

4. 不可逆转性

时间像东流的长江、黄河那样，总是沿着一个方向流逝，一去不复返，任何人、任何事物都不能阻止时间前进的步伐。李白诗句"东流不作西归水，落花辞条归故林"说的恰是时间的不可逆性。

5. 不可伸缩性

时间既不能拉长也不会缩短，无论何时何地，它都以同样的状态存在着。时间本身并无快慢，但不同的人却有不同的感受，志士嗟日短，庸人愁日长。

---

① 达尔文.物种起源[M].朱登，译.天津：天津人民出版社，2018.

6. 不可替代性

时间绝无仅有，任何东西都不能替代它，任何活动都有赖于它。每个大学生都应牢记：放弃时间的人，时间也放弃他。没有一种不幸可以与失去时间相比。

（三）高效利用时间

1. 端正对待时间的态度

是不是重视时间，完全要看个人对时间的态度。作为大学生，不要总是认为，我的大学生活才开始，时间有的是；也不要总是说，我还年轻我怕啥，青春无极限，而是要树立珍惜时间、节约时间、提高效率的观念，养成"今日事今日毕"的好习惯，做到日有所学、天天向上。

2. 合理安排时间

首先要制订出时间安排计划，规划好每学期、每月、每周的学习时间。其次，要合理分配每一天的时间，做到用合适的时间做合适的事情，不同的时间有不同的用途，发挥每一分钟的应有效用。再次，学会拒绝，确保自己的时间安排能有效实施。

3. 分清轻重缓急

在学习和工作繁忙的情况下，要学会分清事情的轻重缓急，把有限的时间集中在处理重要的事情上，有余力再处理小事杂事，切忌平均分配时间，这是时间管理的诀窍。

4. 适当分解任务

一些学生干部工作非常认真负责，积极努力，但由于没有处理好学习和工作的关系，事必躬亲，爱唱独角戏，结果自己的学业很吃力，甚至挂科。因此，要学会适当分配任务，将任务落实到具体的人，调动大家的积极性。

5. 设定做事时限

惰性是人类的弱点，克服惰性和拖延的好办法，就是给自己接收的任务设定时间限制，什么时间做，什么时候要完成，努力做到今日事情今日毕，本周的事情本周解决，课上不懂的课后也要弄懂，绝不拖延。

6. 努力提高效率

学习效率的高低不取决于时间的多少，而取决于是否善用时间。一方面要科学作息、劳逸结合，保证必要的睡眠时间，适当参加各种文体活动。另一方面，要善于利用最佳时间和零散时间，把最佳的时间用来学习最重要的内容，把零散的时间用来做零碎的工作，从而最大限度地提高学习效率。

三、课外阅读与自学

（一）课外阅读的内容与方法

好书，像长者，谆谆教导；似导师，循循善诱；如朋友，心心相印。读书能积累语言、丰富知识，还能陶冶情操，受益终生。在实施素质教育的今天，课外阅读更是提高大学生素质的重要途径之一。当今时代，一个大学生仅限于课本知识的学习是远远不够的，因此，要提高素养，拓展知识面，就应该养成课外阅读的习惯，从中获取知识，受到知识的熏陶。

选书是读书的第一步。不同的人因阅读基础、阅读目的不同，对书的需要也不同。那么，什么样的书才算好书？如何为自己选择阅读的图书呢？

1. 选择名人名家的经典之作

什么是经典之作？哲学家冯友兰先生认为，经典之作是由时间评选出来的，由群众推荐的。[①] 群众历来把他们认为有价值的书推荐给后代，所以我们现在看古人流传下来的书，大部分都是有价值的。

2. 选择反映时代特点的最新之作

比如热门书籍，畅销书。虽然它们不一定经得起时间的考验，但根据它们对当今社会产生的影响，也不妨去读一下。其中不乏见解深刻，对社会、对人生有重大批判和反思精神的书，这就需要自己学着去判断，看多了自然也就能挑选了。

3. 选择内容符合学习目标、程度适合于自己的优秀著作

这是特别要读的一类书。在大学里学到的知识毕竟比较专业化，不论将来是继续从事研究还是走向工作岗位，专业对你的影响都是很深的。每个专业都会有自己最经典的书目，它们被老师极力推荐，这些书对你的帮助是很大的。大学时多读这类书籍，会特别有成就感，类似于"养兵千日，用兵一时"。即使不打算在专业上进一步深入研究，也能够从中受益，这就类似于人们常说的"用兵一时"了。

4. 选择自己愿意读的书

现在的大学生似乎一个比一个忙，有的忙于社会活动，有的忙于应付各种各样的考证考级，有的忙于完成老师布置的作业等。如果因为忙于应付这样或那样的活动，而把自己很想读的书放弃了，是得不偿失的。大学生活丰富多彩，但不管怎么说，多读自己需要的书、喜欢的书，才有动力，也才会有真正的长进。

---

① 冯友兰. 中国哲学简史 [M]. 南京：译林出版社，2018.

（二）自学

高等教育的目标之一，就是培养学生获取知识的能力，即自学能力，所谓"授之以鱼，不如授之以渔"。我国著名的物理学家钱伟长教授曾经说过："一个人在大学四年里，能不能养成自学的习惯，学会自学的本领，不但在很大程度上决定着他能否学会大学的课程，把知识真正学懂学活，而且影响到大学毕业以后，能否不断地吸取新的知识，进行创造性的工作，为国家做出更大贡献。"[①] 在知识更新周期越来越短的现代社会，善于自学是大学生顺利成才乃至终身学习的一个基本的条件。过去在中学学习的主要方式是课堂讲授，几乎每一节课都由教师安排得非常详细充实，占据学生时间的是大量的作业、课堂的提问和安排紧凑的课堂教学。而在大学里，课堂讲授相对减少，自学时间大量增加。同时，大学为学生学习提供了非常好的环境，如大学有藏书丰富的图书馆，有设备先进的实验室，有丰富多彩的课外科研活动。大学的教学计划还安排了大量的教学实验、实习、社会调查、毕业设计等教学环节。学习上能有多大的收获，更多地取决于学生自己的安排和努力。大学里不论是知识的获得，还是知识的消化和巩固，主要靠大学生自学，因此，每个大学生都必须加强自学能力的培养和自学习惯的养成。如何培养自学能力呢？

1. 培养自觉性

自学主要是学生自己学习，如果缺乏学习的自觉性，自学也就不能成立。

2. 合理计划

如果没有学习计划，就容易受到外界因素的干扰而影响学习，而且没有计划的学习容易缺乏足够的动力。因此，我们必须根据社会需要和自己的水平能力，制订出合理的、科学的学习计划。

3. 持之以恒

自学要有时间保证，要学会充分利用课余时间，并合理地支配和利用好它。如课前的预习和自学，要安排在老师上课之前。对自学中遇到的疑难问题，就可以有目的地在课堂上听老师讲解，或主动提出问题请老师解答，从而大大提高听课效率。学习就是一种反反复复的锤炼，人的大脑遗忘速度很快，必须坚持课前的预习和课后的复习，才能达到更好的学习效果。

（三）听讲座

高校学术讲座成为大学生关注学科前沿、透视社会热点的重要窗口，是大学生获取最

---

① 钱伟长.钱伟长论教育[M].上海：上海大学出版社，2018.

新知识的一个重要途径。有人曾戏言:"在大学里课可以不上,但讲座绝不可以不听"。学术讲座可以使大学生有机会聆听大师级人物讲解某一方面的学术前沿问题。高质量的学术讲座增强了高校的知识"辐射"功能。戴尔谈全球经济,何振梁述中国申奥,章培恒论中国古典文学……讲座最吸引学生的地方,就是能直接感受专家学者们思想火花的碰撞。在传媒高度发达的今天,大学学术讲座往往成为社会注目的焦点,如香港凤凰卫视的《世纪大讲堂》,湖南卫视与湖南大学在岳麓书院定期举办的名人讲座,都吸引了大学生的目光。

四、积累知识的步骤

古今中外,有学问、有成就的人,总是十分注意资料的收集和知识的积累。资料是形成观点的基础,又是表达观点的支柱,只有注意积累我们才会有广博的知识,思想才能真正活跃起来。资料的收集与知识积累的步骤如下:

(一)收集

俗话说"好记性不如烂笔头",在资料的收集过程中,以笔记的方式,不仅可以加强记忆,加深理解,巩固学习成果,而且对于今后撰写毕业论文和开展科学研究,都有很大裨益。大学生收集资料的常用形式有摘录式和评注式两种。

摘录式笔记就是记书刊名称、论文题目、重要的原文、出处、摘要,作为备用的原始资料。

评注类笔记就是将一本书或一篇文章的基本内容提纲挈领地记录下来,综合全书写出心得、批注以及读后产生的新思想、新观点、新方法等,以便将学习的内容经过整理,达到融会贯通。这有利于综合能力和表达能力的培养。

(二)剪辑

在阅读课外书、期刊、报纸中发现的一些重要资料要用卡片摘录或剪辑下来。做资料卡片要注意以下几点:

1. 方向明确

积累资料要根据专业的要求和社会的需求,做到方向明确、重点突出、有的放矢。

2. 精心筛选

要将那些创新的思想、观点和方法熔于一炉,去粗取精,去伪存真。

3. 统筹兼顾

既积累有利于把自己的学习和研究引向深入的资料,也收集那些与自己学习领域密切关联的其他学科的资料,这样有利于培养综合能力和预见能力。

4. 行动迅速

在阅读时一旦发现有用的资料要立即摘录下来做成卡片。

5. 全面准确

要注意资料的完整性和准确性，尽量避免失实。

6. 观点新颖

从课外书、期刊、报纸中尽量获取最新信息，按内容分类汇编，做到主次分明，有条不紊，便于查阅。

（三）整理与运用

收集资料的方式多种多样，但不管哪种形式，即使你收集了很多的资料，也不等于掌握了这些知识，积累不等于发现和创造。面对收集到的大量资料和信息，你还必须进行整理、分析和综合，写下自己思考的心得和体会，这样才能增长知识和有所发现。因此，在收集和积累资料的过程中，要学会整理和运用，要善于旁征博引，引申阐发，去粗取精，辩证考究，从中产生新思想、新观点、新发现。

五、充分利用图书馆

图书馆是知识的宝库、信息的中心、智慧的海洋，是学校重要的教学科研服务机构，是大学生学习的第二课堂。图书馆里的各种书籍、期刊不但可以为学生专业学习提供参考，而且可以使学生开阔视野、提高修养，因此，图书馆是每个大学生必须去的地方，没有去过图书馆或很少去图书馆的大学生活是有缺憾的。那么，如何有效利用图书馆，发挥它的应有作用呢？

（一）熟悉图书馆的资源和服务

1. 熟悉图书馆的资源分类与馆藏分布

大学图书馆的资源是十分丰富的，它既收藏一次文献，也收藏二次文献；既收藏纸质文献，也收藏电子文献。下面简要介绍几种常用的馆藏文献类型。

（1）图书

图书是最早出现的文献类型之一，包括专著、教科书、丛书、工具书、图册、读物和文集等。图书馆一般把不同类型的图书收藏在不同的书库内，如社会科学书库、自然科学书库，或者文科书库、理科书库等。

（2）期刊

又称杂志，可分为学术性期刊、检索性期刊、行业性期刊等。图书馆一般把当年的期刊称为"现刊"，当年以前的期刊称为"过刊"，相应地存放在现刊阅览室和过刊阅览室内。

（3）报纸

报纸在国外被称为新闻报纸，包括日报、周报、旬报等。图书馆通常把报纸放在报纸阅览室内。

（4）年度出版物

年度出版物是汇集上一年度重要资料、每年出版一次的连续出版物，包括年报、年鉴、年度指南、按年修订的百科全书等。图书馆通常把年度出版物存放在工具书阅览室内。

（5）电子资源

电子资源是指将信息以数字形式存贮在光盘、磁盘等介质上，并通过计算机或类似设备进行阅读的资源，包括电子图书、电子期刊、电子报纸、电子声像资料、全文数据库、各馆自建的数据库等。图书馆通常将电子资源归在电子阅览室管理。

2. 熟悉图书馆的服务机构与服务内容

大学图书馆的业务部门主要有采编部、流通部、阅览部、信息技术部、参考咨询部、办公室等，提供的主要服务项目有以下几种：

（1）图书借还

大部分书库均可提供借还服务，外借图书有一定的权限和期限规定。

（2）书刊阅览

现刊、过刊、报纸、教材教辅、工具书、古籍、样本图书、电子资源等阅览室均提供室内阅览服务。

（3）文献信息检索与查询

主要是借助图书馆集成管理系统，开展检索查询、导读、课题检索、定向服务等。

（4）读者教育与培训

对不同类型、不同层次的读者进行各种教育培训，提高读者的信息素质。

（5）读者咨询

解答读者在利用图书馆过程中存在的各种疑难问题，一般有现场咨询、电话咨询、电子邮件咨询、QQ和微信在线咨询等咨询方式。

3. 熟悉图书馆的借阅规则与开放时间

每所大学的图书馆都会根据自身的实际，制定需要读者遵守的规章制度。熟悉并自觉遵守图书馆的各项规章制度，如借阅规则、阅览规则、上网规则、违章处理办法等，既能让自己顺利得到图书馆的服务，又能让他人也充分利用图书馆的资源，享受图书馆的服务。

4. 了解图书馆资源和服务的途径

了解和熟悉图书馆资源和服务的途径很多：一是观看介绍图书馆的录像和实地参观图书馆。二是详细阅读图书馆编印的《读者指南》。三是浏览图书馆网页，阅读相关信息。四是现场咨询图书馆的馆员老师，解决疑难问题。五是通过做义务馆员，深入了解图书馆的资源及其利用方法。六是加入大学生读者协会（学生社团），掌握图书馆新书、好书的动态。

（二）掌握快速检索文献的方法

1. 中国图书馆图书分类法

图书馆的图书是按照《中国图书馆图书分类法》（简称"中图法"）分门别类来排列的。"中图法"是国家推荐统一使用的图书分类法，分五大部类二十二大类，用汉语拼音字母和阿拉伯数字混合组成分类号，先按字母顺序排列，一个字母代表一个大类，字母相同的再按阿拉伯数字顺序排列。

知道了图书分类号，并且知道这类图书的存放地点，就可以进书库直接寻找，找到自己需要的书籍后拿到服务台就可以办理借阅手续了。

2. 馆藏文献资料计算机检索

当今大学图书馆都将馆藏书目查询系统挂到图书馆局域网和校园网的主页上，读者通过图书馆局域网检索终端或登录校园网，可以快速实现检索需求。计算机检索的方法很多，最常用的有题名（书刊名）检索、作者（责任者）检索、主题词检索、分类号（索书号）检索四种。具体的操作方法，在各大学图书馆编印的《读者指南》上会有详细介绍。

（三）有计划地借阅图书

面对大学图书馆浩如烟海的文献信息资源，许多大学生特别是大学新生往往感到无所适从。其实，每个大学生都应该根据专业学习要求和个人发展需要，有计划、有选择地利用图书馆的图书资料。

首先，要和专业学习紧密结合起来，多借阅相关专业书籍和相关书刊，以便更好地理解和掌握本学科、本专业的理论知识，了解专业发展的历史、现状和前沿信息，把握专业发展方向。

其次，要和个人的兴趣爱好与素质发展联系起来。在学好专业的同时，不妨多借阅一些修身养性、益智健体、休闲娱乐等方面的书刊，这既有助于丰富课余生活，又有助于培养兴趣爱好，还有助于提升个人的文化素质。

（四）有效利用网络资源

对大学生来说，搜索引擎、网络课堂、远程教学、数字图书馆等是较为便捷而普遍的信息工具，电子邮件、聊天工具、BBS（电子公告板）、Blog（博客）、微信、微博等是有效的交流与沟通工具。学会利用这些工具，有利于丰富自己的信息量，提高学习效率。

1. 学会使用搜索引擎检索网络资源

搜索引擎是一个庞大的数据库，是最普遍的信息工具，人们只需输入关键词，轻轻一按鼠标，所需的词条和信息就会呈现在眼前，谷歌、百度等搜索引擎能够帮助人们筛选海量资料，获得有用信息。但搜索引擎对于检索学术性文献并不总是那么奏效，因为传统的学术论文一般都刊登在学术期刊上。

2. 充分利用图书馆购买的学术网络资源

数字图书馆是图书馆功能的网络开发与延伸，许多大学图书馆都购买了各种各样的学术网络资源，如中国期刊全文数据库（CJFD）、中国优秀博硕士学位论文全文数据库（CDMD）、维普中文科技期刊数据库、万方数据库、读秀学术搜索等多种知识数据库，为高校师生查阅论文、进行学术研究提供了广阔而丰富的知识沃野。

3. 辩证认识互联网，避免沉溺于网络

网络无疑是最好的信息获取工具，我们要充分认识互联网的工具价值和教学辅助作用，但它在给人们便利的同时，也带来一些消极影响，容易使人沉溺其中。因此，要辩证地认识互联网的利弊，趋利避害，理性上网。

六、投身"大众创业、万众创新"的时代潮流

进入新时代，有越来越多的有识之士投身"大众创业、万众创新"的时代潮流，其中不乏正在象牙塔里求学的大学生们。或许有些同学会有疑问：创新创业是利国利民的好事，但是需要具备专业的技术，而且创业当老板似乎与我们大学生的实际有些遥远。其实，这些疑问都会在大学期间的不断学习当中得到解答。大学生正处于最具活力和创造力的时候，思维活跃，想法独特，接受新鲜事物的能力强，天然具有创新的因子，加上大学创新教育的引导和社会创业潮流的熏陶，以青年人的智慧和力量，通过参加创新创业培训、创

新创业比赛、大学生创新创业训练计划等活动，增强创新意识，培养创业能力，在校大学生也能成为"大众创业、万众创新"中的弄潮儿，为日后就业择业、实现人生价值积累经验。

（一）参加创新创业学习

《教育部关于做好2016届全国普通高等学校毕业生就业创业工作的通知》（2015年）指出，从2016年起所有高校都要设置创新创业教育课程，对全体学生开发开设创新创业教育必修课和选修课，纳入学分管理。因此，在大学里每个专业都设置相对应的创新创业教育必修课和选修课，学生可通过系统的课程教学了解创新创业知识。另外，大学也会安排创新创业专题讲座，邀请具有丰富创新创业经验的企业家、创业者、行业领头人、专家学者等，为同学们介绍一些最新的创新创业资讯和指导意见。同学们收听创新创业者的讲座，学习他们创新创业实践中得出的经验，对于创新创业特别是正处于起步阶段的创新创业项目大有裨益。

（二）参加大学生创新创业训练计划项目

大学生创新创业训练计划项目是教育部直接面向本科生立项的创新训练项目，旨在带动广大学生在本科阶段进行科学研究与发明创造的训练，鼓励大学生尽早参与科学研究、技术开发、工艺创新和社会实践等创新创业活动，加强大学生的创新能力、实践能力和创业能力。大学生创新创业训练计划项目主要分为创新训练项目、创业训练项目和创业实践项目三类，同学们可根据自身实际情况，组建团队，选择其中一项进行创新创业训练。

1. 创新训练项目：本科生个人或团队在导师的指导下，自主完成创新性研究项目设计、研究项目实施、研究报告撰写、成果（学术）交流等工作。

2. 创业训练项目：本科生团队在导师的指导下，团队中每个学生在项目实施过程中扮演一个或多个具体角色，完成编制商业计划书、开展可行性研究、模拟企业运行、参加企业实践、撰写创业报告等工作。

3. 创业实践项目：学生团队在学校导师和企业导师的共同指导下，基于前期创新创业训练项目（或创新性实验）等成果，开发具有市场前景的创新性产品或者服务，开展创业实践活动。

（三）参加创新创业比赛

在"大众创业、万众创新"的潮流中，各级政府、有关单位、高等学校纷纷举办各种类型的创新创业赛事，为广大创新创业者提供一个展示能力、实现梦想的舞台，同时达到"以赛促教、以赛促学、以赛促创"的效果，营造浓厚的创新创业氛围。目前面向大学生的知名创新创业大赛主要有中国"互联网+"大学生创新创业大赛、"挑战杯"全国大学生课外学术科技作品竞赛、"创青春"全国大学生创业大赛。

1. 中国"互联网+"大学生创新创业大赛

首届中国"互联网+"大学生创新创业大赛举办于2014年,是覆盖全国所有高校、面向全体高校学生、影响最大的赛事活动之一。大赛分为主赛道和"青年红色筑梦之旅"赛道,分为创意组、初创组、成长组、师生共创组、商业组、公益组等,赛事内容包括"互联网+"现代农业、制造业、信息技术服务、文化创意服务、社会服务等,比赛一般分为网络评审和现场决赛,其中现场决赛采用"8分钟路演+3分钟答辩"的形式。大赛采取学校、省(自治区、直辖市)和全国三级赛制。

2. "挑战杯"全国大学生课外学术科技作品竞赛

"挑战杯"全国大学生课外学术科技作品竞赛以"崇尚科学、追求真知、勤奋学习、锐意创新、迎接挑战"为宗旨,自1989年举办首届竞赛以来,在推动广大高校学生参与学术科技实践、发现和培养创新型人才等方面发挥了积极作用。竞赛分为自然科学类学术论文、哲学社会科学类社会调查报告和学术论文、科技发明制作三类,其中自然科学类学术论文作者限本科生、专科生。哲学社会科学类社会调查报告和学术论文限定在哲学、经济、社会、法律、教育、管理六个学科内。科技发明制作类分为A、B两类:A类指科技含量较高、制作投入较大的作品;B类指投入较少,且为生产技术或社会生活带来便利的小发明、小制作等。竞赛每两年举办一次,采取学校、省(自治区、直辖市)和全国三级赛制。

3. "创青春"全国大学生创业大赛

"创青春"全国大学生创业大赛是在原有"挑战杯"中国大学生创业计划竞赛的基础上升级打造的创新创业赛事。大赛以"培养创新意识、启迪创意思维、提升创造能力、造就创业人才"为宗旨,下设大学生创业计划竞赛("挑战杯"中国大学生创业计划竞赛)、创业实践挑战赛、公益创业赛三项主体赛事。大学生创业计划竞赛面向高等学校在校学生,以商业计划书评审、现场答辩等作为参赛项目的主要评价内容;创业实践挑战赛面向高等学校在校学生或毕业未满三年的高校毕业生,且应已投入实际创业三个月以上,以盈利状况、发展前景等作为参赛项目的主要评价内容;公益创业赛面向高等学校在校学生,以创办非营利性质社会组织的计划和实践等作为参赛项目的主要评价内容。大赛每两年举办一次,采取学校、省(自治区、直辖市)和全国三级赛制。

学习是大学生的首要任务，而学会学习则是学习的根本宗旨。认识和了解学习的一般思维原理及其应用，掌握学习的基本知识和有效的学习方法，促进自己的学习，是大学生目前最为迫切的需要。精通专业又知识广博的人才是时代最需要的人才。机遇本身是客观存在的，但机遇只垂青于那些有准备的人。大学是集中学习系统知识的时期，大学生应该抓住这一难得的机遇，努力成为"知识贵族"。

第六章 高校学生管理创新理论分析

第一节 融入开放性的思想

我国现阶段的高等教育已经从原来的精英教育迅速转化为大众化教育，受教育者的求学情况、知识基础与以往相比发生了很大的改变。政治辅导员和班主任要指导学生正确面对竞争、面对择业、面对压力，引导学生规划人生，培养学生有宽广的胸怀和健全的人格，努力把德育渗透到学生成才、就业的全过程，要主动管理育人，提高工作效率和工作水平，创造更好的育人环境和氛围。

一、建立优秀的管理团队和制度

如何适应时代的要求，培养社会需要的人才，是从事学生管理工作者的永恒话题，同时对学生管理领导干部也提出了更高要求，必须加强队伍建设。学校高层领导应加强对学生管理工作重要性的认识，挑选一批思想素质高、工作能力强、具有一定学生管理工作经验的工作人员担任学校学生管理领导工作；经常性地组织并开展对各分校、教学点学生管理领导干部的专业培训，邀请较高水平的专家讲座，全面提升学生管理干部的素质；通过各种方式组织开展校与校之间学生管理工作的交流，请学生管理工作突出的管理人士讲解、传授管理经验，并通过讨论交流，达到共同提高、共同进步目的；以校本部为载体开辟全校性学生管理工作专项窗口，广泛讨论发表管理体会，建立全校性学生管理专刊，组织系统内投稿，把学生管理工作真正落到实处。

学校应建立导学教师引进、培训、考核、交流的整套制度。完善引进程序，严把入口关，力争把有能力、责任心强的导学老师引进来。建立严格的导学教师培训、考核制度。导学老师应对以现代计算机网络为主的多媒体现代远程教育技术有较深的掌握，能熟练运用计算机网络等媒体技术获取教学资源，并能配合辅导教师进行教学资源的整合，组织和指导学员开展网上答疑、BBS 讨论、双向视频等网上教学活动，利用 QQ 群、微信、E-mail 等与学员进行日常沟通。完善导学老师的流动计划，打破以往导学老师队伍建设的封闭体系，采用用人机制，拓宽导学老师出口，加强导学老师的交流和提拔，解决导学老师的后顾之忧。

解决导学教师流动性较强、流失率较高的问题，必须加强导学教师的专业化建设，其中最主要的就是更新观念，尤其是更新领导的观念，全面提高导学老师的综合素质。导学教师在工作了一段时间以后就会积累一定的工作经验，也会认识到自身不足。如果学校能制定一套完整的培训机制，给他们更多的培训学习机会，不管是对学校还是对导学老师本人来说都是双赢的。另外，还可以加强导学教师之间的沟通与交流，使导学教师的业务能力不断提高，确保导学教师在工作中发挥应有的作用，保证开放教育学生的培养质量。

二、注重培养优秀的学生干部

好的学生干部不仅会给其他同学做出榜样，也会主动分担导学教师的工作重担，而且在这个过程中也锻炼了学生的工作能力，从而运用在自己以后的工作实践中。导学教师在选择班干部的过程中要一视同仁，不能因为个别小问题而否定他们的优点，应广泛听取同学和任课老师的意见，综合学生的平时表现民主或择优选拔；选出优秀的学生干部，要充分信任和尊重，减少个人干涉，使他们充分发挥个人的工作主动性和能动性。

学生干部队伍应真正发挥先锋模范作用，真正发挥战斗堡垒作用。学校应健全团支部、学生会组织，主动让学生组织成为学校与学生、教师与学生沟通的桥梁，通过民主推荐、个人竞选产生学生干部队伍。结合开放教育类学生的生理和心理特点，通过学生干部开展广泛的思想交流。帮助广大学生树立和培养学习自信心，一方面肯定他们在以往的学习和工作中取得的成绩和努力，使他们充分看到自己的优点和能力。另一方面，循序渐进一对一式辅导，将他们在现在的环境中遇到的问题总结归纳，然后反馈经验。在交流沟通过程中，要注意交流态度，避免出现僵局挫伤学生的学习积极性，要充分尊重学生。成人学生的自尊心相对来说更强，并且也更容易受到伤害，老师的教育手段要不断改进，积极与学生磨合，减少代沟的出现。在沟通的同时，鼓励他们学习之后要在自己原有的领域有所创新和进步，帮助他们做好职业规划和人生规划。在思想教育过程中，应尽量避免用说教的方式，毕竟这些学生都是成年人，强硬的教育态度只能引起学生的逆反心理，不仅不会配合老师的教育工作，甚至会放弃继续学习。对个别问题学生要单独关注，因材施教，明察暗访，找出学生学习欠缺的根源和影响因素，和周围同学以及同事努力解决问题，最大限度地激发他们的学习主动性。

三、通过加强校园文化氛围引导学生的学习和发展

开放教育的学生大多以参加远程教育学习为主，这些学生有着强烈的孤独感，他们渴望与人交流，希望像普通高校的学生一样有丰富的校园生活，感受来自众多同学的支持与友谊。学校应主动提供学生情感交流、培养兴趣和寻求帮助的平台，能够促进学生之间交流沟通，传承成长经验，解答学生疑惑，碰撞智慧思想，传递情感关怀，培养同学友谊，消除学习孤独感，增强学生对开放大学的身份认同感、归属感和凝聚力，营造积极向上的校园文化氛围，促进学生的管理、学习和发展。经常性地开展校区、班级之间各种比赛活动，增进学生之间的友谊，根据不同学生原来从事行业的不同，有针对性地聘请相关行业的专家学者到学校举办讲座，吸引学生积极参与和交流。并用各种比赛的形式加强同行的良性竞争，使同学之间互相帮助，共同进步。导学教师应合理引导学生的学习积极性，帮助其树立明确的学习目标，使学生学习起来既有针对性还能自我检测和反馈。

第二节 提升教育服务意识

现代教育以促进人的现代化和主体的全面发展为中心。主体性、发展性是现代教育的本质规定。基于此，现代教育倡导"教育是一种服务"的教育管理理念。它强调教育者（教师）以满足受教育者（学生）个性发展，为受教育者创造全面发展和主体生成的情境和条件。它概括了当今教育的经营态度和思维方式。在如何开展教育管理和教育活动问题上，相对于传统的教育管理理念，它具有自身的特点：

1. 教育服务理念体现了现代教育以人为本的精神，突出了主体，突出了主体的生成和主体性发展，以培养现代主体人格为根本。它直接着眼于人，着眼于人的发展。

2. 教育服务理念下的教育管理活动是教育者与受教育者互为主客体、主体间的对象性活动；是在教育者的组织领导下，教育者与受教育者共同参与的活动；是教育者的启发、引导、指导与受教育者的认知、体验、践行的活动；是教育者的价值导向与受教育者自主构建的统一的活动；是教育者与受教育者的相互教育与自我教育、教学相长的活动。

3. 教育服务是现代教育管理的整体特征，它不是教育活动的某个阶段或某个部分、某个方面的特征。作为现代教育的根本指导思想，它是贯穿于教育管理活动的始终和教育管理活动的各个方面的。

教育服务的管理理念对于高校的改革、建设和发展有以下作用：

一、教育服务理念为改革高校学生管理提供内部驱动力

我们的教育理念是培养人、改造人、塑造人，这具有很大的合理性和教育价值，但是，怎样操作和实施，人们往往受一种片面的理念所影响。长期以来，人们一直将学生作为工作对象来"加工"，将教育完全观念化，以至于我们不能正确理解教育与社会、教育与个人发展之间的关系，使我们的许多教育政策与决策缺乏科学的基础。

树立高等教育服务理念，能够促使高校树立责任意识、市场意识和竞争意识，促使他们关注社会与受教育者的个人教育服务需求，推动高校自觉自主地进行改革，把握市场动向，完善服务体系，增强效益意识，提高服务质量。来自管理者自己对这种改革的需求和认同是改革高校学生管理最主要的动力。可以说，没有管理者对这种改革的深刻理解，没有管理者对学生管理的热情参与，没有管理者对学生管理的积极投入，学生管理理念要转变就十分困难。要求高校学生管理者树立教育服务管理理念，就是期望在形成教育服务理念的同时，一方面使管理者意识到自己与服务、服务与学生之间的密切关系，因而去尝试改变对学生的态度，尝试用一种全新的视角去看待学生。另一方面，也让管理者从根本上认识到传统管理的问题所在。服务理念首先是将服务对象当成自己一切服务工作的对象和焦点，将学生满意与不满意作为衡量管理业绩的重要指标，在客观上就迫使管理者去反思原来的管理理念并努力去接受新理念、新方法。这样，就能形成一种内在动力去推动他们进行改革。

二、教育服务理念为引导高校学生管理提出新的目标

传统教育理念培养人一般只要求听话、服从，教师培养学生追求"齐步走""整齐划一"，对学生个体之间的差异和个体特征重视度不够，因而很难满足时代发展的需要。学生是共性和个性的统一。共性是指学生的群体属性，个性则是指学生的个体属性。处于同一年龄阶段的学生，由于他们生命过程和生活经历的相似性，他们的身心发展在同一规律支配下，表现出某些相同或相似的属性和特征，即共性。但这些共性只是相对而言的，由于个体间遗传因子、家庭背景、社会环境及教育影响的差异，学生的身心发展无论是在内容上还是在水平上都是千差万别的，学生的性格、兴趣、爱好、智力、能力不完全相同，即具有个别差异。这种个别差异是绝对的，是不以人的意志为转移的。这是学生管理必须

面对的事实。

树立高等教育服务理念，不仅能够让我们意识到学生共性和个性之间的差异，还能够让我们意识到，"高等教育服务的生产者是教育工作者，他们通过消耗智力和体力，而生产出适合不同教育对象需求的、具有多方面性能的教育服务，处在生产领域。学生则是高等教育的消费者，处在消费领域"，这种理念为高校学生管理实践提出了新的目标。作为提供教育服务的教育者，在学生管理中应以学生为本，尽量满足学生（作为消费者）的需要。不同的学生有不同的需要，同一学生不同时期的需求层次也不尽相同，需求的多样化程度就决定了教师工作的复杂程度。在提供教育服务时，教师不再是以前高高在上的管理者，而是成了为学生提供服务的教育服务生产者。要生产出优质教育服务，以满足不同人的所有合理需求，教师就要自觉地树立"以人为本"的服务理念，掌握学生的思想动态，了解他们需要什么、喜欢什么、想些什么、关心什么、拥护什么、反对什么、兴趣何在，更要了解不同年龄学生身心发育的规律和特征。要深入到课堂，深入到食堂，深入到学生宿舍，深入到学生活动的各个方面，只有这样，才能从学生的角度制定出符合他们身心发展需要的管理规章，才能努力完善他们的个性，充分发挥他们潜藏在主体内部的创造潜能，才能受到更多学生的欢迎和喜爱。要"生产"优质服务，教师还要了解学生需求的变化。社会在变，时代在变，生活环境在变，学生的思想观念也会随之发生变化。这就要求教师要不断调整教育方式，随时了解以前的规章还是否符合发展的实际，以前的教育方式、教育手段还是不是学生愿意接受的。

三、教育服务理念为高校学生管理创造新型师生关系

传统的教育理念认为，学生是教育的客体，教师是教育的主体。受这种教育理念的影响，在学生管理中，教师和学生之间是管理者与被管理者、指挥与服从的关系，学生是弱势方，学校是绝对的强势方，这种管理方法虽然也会取得一定的管理效果，但它付出了扼杀学生主体性、自主性和主观能动性的巨大代价。

树立高等教育服务理念，要求教育者重新审视以前的师生关系，建立起新型的师生关系：从高等学校教师方面来看，在教育服务生产过程的师生关系中，学生作为教育服务消费者，在教育过程中拥有重要地位，教师必须予以尊重，教师作为教育服务生产者，不能不认真考虑作为教育服务消费者学生的意见要求，这意味着教师必须改变角色意识，树立服务理念，从提高服务质量、保证消费者满意的角度出发来考虑一切，才能做到因材施教；

从学生方面来看，意味着他们必须树立独立意识和自主观念，他们必须对自己的选择和行为负责，不能完全依赖学校和老师。这种新型的师生关系有利于学生管理中师生平等地、朋友式地、相互尊重地进行交流对话。管理者也只有从观念上意识到对学生进行管理就是对学生的一种服务，认识到尊重学生就是在尊重自己，放弃学生就是在放弃自己，学生的失败就是你的失败，失去了学生就是失去了你自己，教师才可能真诚地去爱，真诚地付出，新型的师生关系才可能得以顺利建立。在这种新型的师生关系中，学生管理倡导以"爱"为核心的情感管理。爱是一切教育的起点，是开启学生心灵的一把金钥匙，也是教育引导和管理学生的一种精神动力。只有爱学生，管理学生才能做到十分耐心，了解学生才能非常细心，为学生服务才会一片热心。而爱学生的最有效途径就是和学生交朋友，成为学生的良师益友。这样，一方面可以唤起学生管理者的友爱之心，使学生管理者乐于并善于与学生交友；另一方面可以使学生把学生管理者看成最值得信赖的人，向管理者敞开心扉，吐露心声，心悦诚服地、愉快地接受管理。

四、教育服务理念为高校学生管理的评价提供新的依据

无论什么条件下，任何一所学校的学生管理都有获得良好效果的预期。不同时期，人们衡量学生管理质量的依据不尽相同。传统的教育理念从管理者的角度出发，管理质量意味着管理特征对组织的规定与要求的符合程度。这一视角使组织更关注效率，即用最小的成本获得最大的收益。

树立高等教育服务理念，衡量教育质量的标准主要是服务对象的满意度。这一视角更关注服务对象需要的满足。与传统理念相比，这一理念已经意识到了不同的服务对象会对同一产品感知到不同的质量水平。当学生或家长感知到满意的服务时，也就是他们对所有服务特征的期望都得到满足或超额满足时，他们把整体服务感知为优质，并因此对学校和教师保持忠诚，从而对学校产生一定程度上的归属感。用满意度来衡量学生管理，传统的强迫式的管理方法必然失去效力，这就促使学生管理者转变理念，认真研究学生，了解学生身心特点，了解学生需求，创新教育方法，来满足学生需要，从而为高校学生管理提供了新的衡量依据。

用满意度来衡量学生管理具体表现在要符合学校教育质量的以下几个特征：

1. 有效性。也就是能有效地发挥教育服务产品的功能和作用，满足学生学习的欲望，促进学生的发展。

2. 经济性。是顾客为了得到教育服务所承担的费用是否合理，优质与廉价对顾客是同等重要的。

3. 安全性。是学校保证服务过程中学生的生命不受危害，健康和精神不受损害，人格不受歧视，合法权益受到尊重和维护。

4. 时间性。顾客对服务的时间上有需求，他们需要及时、准时和省时。

5. 舒适性。需要舒适的学习环境，以及令他们感到舒适的服务态度。

6. 文明性。顾客需要学校有一个自由、亲切、受尊重、友好、自然和善意的、理解的氛围，希望教师有较高的知识修养、文化品位和幽雅的举止谈吐。

用满意度来衡量学生管理要以服务对象为衡量主体。学校应给予学生充分的评估权，学校应制定教育服务质量标准，并使服务者了解标准；发布学生满意度问卷调查，用以作为衡量学生管理的主要标准。当然，用满意度来衡量学生管理并不意味着对传统衡量标准的彻底抛弃。为了对高校学生管理做出更科学的评价，我们以为，可以建立起高校学生管理满意体系。这种体系除了学生满意以外还包括管理者自己满意体系，包括上级对下级的满意、下级对上级的满意以及家长满意、社会满意等等。这种系统化的满意体系有利于学生的健康成长，有利于学校的管理，使师生之间建立起共同学习、共同进步的良性循环。

五、在学生管理工作中树立服务意识的几点要求

（一）思想观念要转变

长期以来，传统的学生管理工作是以管理者为中心开展的，管理者对学生拥有绝对的权威，管理者与学生的关系是"管"和"被管"的关系，管理的内容主要表现为要求被管理者"做……""不做……""如果……"，管理的基本方式是"要求""批评（甚至是训斥、吓唬）"和"处分"。这样的管理方式在特定的历史时期，对矫正学生的不良行为习惯是起到积极作用的。

伴随着社会主义市场经济的不断发展，社会竞争日益激烈，社会对大学生素质、能力的要求不断提高，传统的管理模式已经不再适合当前的高校学生管理工作，我们就应该结合新情况，用发展的思维去改进它、完善它。在管理中融合服务的思想，体现"以人为本"的管理理念就是适应新形势的有效方法，我们应着实意识到它的重要性，切实贯彻到管理工作的各个方面和环节中去。

（二）工作态度要转变

学生是整个教育过程的主体，在学生管理工作中要充分尊重学生的个性和人格，转变以前"高高在上""不俯身子"的管理者的姿态，带着管理就是服务的理念，不断提升自身工作对学生的吸引力和亲和力，主动深入学生群体，经常倾听学生的意见和建议，及时对工作不足之处加以整改，贴近学生生活，贴近学生实际，视学生为朋友，宽厚待人，主动去尊重、理解、关心和帮助他们，引导他们以主人翁的姿态投入学习、工作和生活，促进他们道德自觉自律意识的养成，最大限度地发挥他们的创造潜能。

（三）工作作风要转变

说得好不如做得好。树立落实服务意识，关键还是在工作作风上的转变。要把解决学生的思想问题和实际问题结合起来，主动观察学生关心关注的热点与焦点问题，及时高效、公平、公正地做好学生的评优评奖、党员的发展、贫困生精神和物质的帮扶、就业推荐和指导等工作，让学生感受到实实在在的服务效果。特别是在对待学习后进生和个别违纪同学的管理中，要学会感动他们，通过各种有效的帮助教育途径，比如指导学习方法、多表扬他们的优点等，使他们觉得老师的工作是为他们着想，是为了实现、发展和维护他们的利益，从而自觉学好、表现好，促进整个群体管理的顺利开展。

（四）服务意识的树立要与坚持制度相结合

在学生管理中，制度是工作的保障，服务是工作的理念，稳定和谐是工作的目的。强调树立服务意识不是抛弃制度的约束，而是增加制度落实的人性化，没有制度依靠的服务是无力和软弱的。对于个别纪律观念薄弱、思想觉悟低、道德品质差、屡次违反纪律的学生就是应该按照规章制度给予相应的处分和处理，这样才能保障绝大多数同学的权益，赢得绝大多数同学的支持。同时，规章制度的坚持与落实需要服务意识的体现，只有怀着服务好学生的心情，才能赢得学生的理解与配合，才会将外在的规定转化为他们内在的自我要求，学生管理才会具有实效性和持久性。

六、在学生管理工作中树立服务意识的几点建议

（一）建立一套科学、规范、完善的学生工作制度

高校应按照国家有关法律规定，依据本校实际情况制定完整的、可操作性强的程序、步骤和规章制度，并以此规范学生的行为，进行有效的管理。完善学校的规章制度。第一，应确定制定主体，不仅学校领导参与，管理者参与，作为被管理者的学生也要参与，这样

才能充分照顾学生的利益，实现"以人为本"。第二，学生管理制度应当完善，不仅要注重实体内容，还应当注意到程序内容。比如，学生处分制度，应当列明学生在哪些情况下会受到处分，还应有学生辩护机制和申诉机制。在所有的程序都进行完之后，再由决策机构来认定处分该不该执行。第三，学校应有反应机制，对国家一项新的学生管理政策或者法规出台以后，学校应快速反应，出台相应的实施意见。最后，除了这些强制性的规定，还应当有一系列的自律性的规定，使学生明确集体生活中行为自律的重要性而自觉规范自己的行为。

（二）发挥学生主体能动性，变被动管理为自我管理

在工作中要注意调动好学生自身参与管理的积极性，让学生积极参与学生管理工作，改变学生在学生管理工作中从属或被动的地位，不是单纯地把学生看作教育管理的客体，以利于消除大学生对于被管理的逆反心理，实现大学生的自我管理。学生管理中宜推行以学生工作处指导下的，以辅导员、学生干部为调节的，以学生自律委员会为中心的相对的学生管理方式。既能锻炼学生的能力，同时又达到了管理的目的。

（三）完善对学生管理者的选拔模式和培训机制

提高学生管理工作者的待遇，建立一支专业稳定的学生管理队伍。一是学生管理者的选拔模式要创新。如今有的毕业生为了留校做老师而将从事学生管理工作作为以后成为任课教师的跳板；有的则是通过种种关系安排进来，在这样的情况下，学生管理工作者很难保持高度的热情，管理水平也不一定很高。而新的选择模式是要面向全社会，以完善的选拔机制来完成对学生管理工作者的选拔，这样能招募到各类人才，使学生管理队伍进一步扩大并提高一定的质量。在选拔人才的时候尤其要注意他们在教育学、心理学、管理学方面的知识。在国外做家政服务都必须具备心理学、教育学相关证件，持证上岗。作为学生管理者的选拔就更应注重教育、心理、管理方面的知识，最好是应具备这方面的学历。二是学生管理者培训机制要创新。学生管理工作是一项很灵活多变的工作，需要管理者有足够的经验和专业知识来处理各种突发事件，因此，对管理队伍的专业培训显得尤为重要。在新型学生管理模式下，任课老师是扮演一种了解学生情况和反馈情况的角色，宿舍管理者也是一个重要的角色，因此，原来这种专业性的培训机制针对的主要是校、院、班三级的学生管理工作者要改变，应面向专业课教师、学生辅导员和宿舍管理员，对学生辅导员、宿舍管理员要注重教育学、心理学、管理学方面知识的更新与培训，以及他们对突发事件的应急能力，让他们将"学会管理"与"学会学习"结合起来，使学生管理工作者能不断

超越自我，从而培养出一支专业稳定的学生管理队伍。注重专业课教师对学生工作相关知识的了解程度的培训，使他们从被动到主动关心学生的成长，关心学生工作，从而在各高校树立全员育人的思想。三是关注学生管理者的待遇。学生管理工作需要管理者保持极大的耐性和工作热情，管理工作相当烦琐，使得很多管理者不能维持工作的长期性，而管理者的经常变动则影响学生管理工作的开展和完善，因此，提高学生管理工作者的待遇，使其能稳定地从事这一工作是必要的。

（四）加强学生的德育教育和心理健康教育

当今高校教育中的人才培养，不只是要使其获得专业知识和技能，也要培养其道德修养和心理素质。高等学校是培养主流意识形态的重要阵地，对构筑大学生良好的精神世界发挥着重要作用。高校学生管理者应通过各种渠道和方式，帮助大学生树立正确的世界观、人生观、价值观，形成高尚的道德情操和坚强的心理素质。所以，高校学生管理工作中的一个重要内容就是加强学生的德育教育和心理健康教育。这一点很多高校已经认识到并正在改进，特别要注意结合大学生实际，广泛深入开展谈心活动，有针对性地帮助大学生处理好学习成才、择业交友、健康生活等方面的具体问题，提高思想认识和精神境界。要制订大学生心理健康教育计划，确定相应的教育内容、教育方法。积极开展大学生心理健康教育和心理咨询辅导，引导大学生健康成长。

"以人为本"的管理模式是顺应当今形势行之有效的模式。学生管理者要结合实际情况积极运用这种模式，在管理中树立服务意识，充分调动学生自我管理的积极性和能动性，实现管理者和被管理者的有机融合，实现学生管理的时效性和持久性。

第三节　创新管理方式

创新是高校学生管理的灵魂，也是高校发展的关键。高校只有大力进行管理的创新，摒弃陈旧、落后的管理方式和方法，创建一种与时代发展相适应的新的管理机制，才能真正提高高校的管理水平，从而实现高校提高办学质量和办学效益，从而培养大批优秀创新人才的现实目标。尽管全面创新管理是针对企业的创新提出的，但对高校也同样适用。

一、高校学生管理工作创新的必要性

今日高校的功能已由单一走向多元，从简单趋向复杂，高校与社会的关系日益紧密。

21世纪，人类社会正进入一个以智力资源为主要依托的全球化知识经济时代，伴随知识经济社会的到来，高等教育将在社会中发挥空前重要的作用。高校作为法人实体，必须有全面创新思维，否则将落后于历史前进的步伐。全面创新管理特别是其根据环境的变化突破了原有的时空界域和局限于教学管理部门和教师创新的框架，突出强调了新形势下全时创新、全球化创新和全员创新的重要性，使创新的主体、要素与时空范围大大扩展。

（一）管理创新是培养高素质人才的需要

当前，科技飞速发展，新技术不断涌现，要培养大批高素质人才以适应新时期的生产建设，必须不断推进教育创新，这不仅包括教育观念、教育制度的创新，在人才培养模式和学生管理工作上也必须探索出一条新的道路，才能提高人才的素质和能力。学生管理工作是高校育人的重要手段，其本身并不仅仅是一个简单的政策、制度、规章所能涵盖，它是一整套理论体系和系统工程的反映。学生管理工作的创新过程必须不断与外界思想、政策、环境相匹配，适应时代的潮流和社会的发展，这样才不会被时代所淘汰。

（二）管理工作创新是高等教育大众化的需要

自1999年高校扩招以来，招生规模的不断扩大，学生人数的不断升高，以前的所谓"精英教育"渐渐被大众化的教育模式所取代，大学生的整体素质和层次也在发生着巨大的变化，这对大学生管理工作是一个不小的挑战。高校学生管理工作只有积极创新、不断探索，才能适应高等教育大众化发展的要求。

（三）管理工作创新是服务学生的需要

我国当前正处于社会转型期，社会生活方式逐渐多样化，大学生的思想观念、价值观念、生活方式都在发生着巨大的变化。随着网络技术的快速发展，大学生对于新知识、新技术的接受和学习速度变得更快，这使得他们被网络深深地影响着生活与学习。在学生管理的层面上来看，互联网的确带来了新的技术和方法，但互联网也冲击着传统的管理方法和体制。对管理模式进行创新，这是加强学生工作的需要，也是提高高等教育质量的需要。

二、全要素创新在高校学生管理中的应用

（一）高校创新发展战略的制定为全面创新指明了方向

高校在战略措施的制定上，要找准切入点，突出特色，坚持特色办校，将有限资源用于战略性、关键性的发展领域，使之发挥最大的效用。高校的优势来源于管理者将内部所具有的专业特色优势、人才优势、学术科研成果、管理经验、资源和知识的积累、整体创

新能力等多种因素整合。只有建立在现有优势基础上的战略，才会引导高校获取或保持持久的战略优势，推进特色办校战略，不仅在某一学科或专业上有特色，而且尽可能进一步在某一领域上有特色。

（二）创新文化的建设是实现高校全面创新的源泉

各种创新活动都离不开高校创新氛围的基础，如果高校中人们的思想僵化，思路不清，机械、呆板、满足现状、不思进取，缺乏创新欲望与动机，对创新举动不予理睬甚至百般抗拒，就不可能形成强烈的创新氛围。据研究，国内外的一些著名高等学校，其保持长盛不衰的活力之源就是独特校风的延续和更新机制的存在。

（三）技术创新是实现高校全面创新的手段

现代信息技术对教师的学科知识结构以及掌握现代化教育技术的程度也提出了更高的要求，引起教学方法和手段的现代化及课程内容的更新，影响教学过程和人才培养的过程，对大学生的思维方式、行为模式、价值观念、政治倾向等都产生深刻的影响。

（四）创新制度设计是高校实现全面创新的保障

任何一个制度和政策设计的终极目标都是要最大限度地激发人的积极性。高校必须承认个人在知识发展中的独特性，建立"以人为本"的有利于学生创新思维、创新能力培养的管理制度，既有利于充分发挥学生的学习积极性，也有利于充分发挥教师的教学积极性。

（五）学习型组织是高校实施全面创新的必然选择

随着我国高等教育向大众化阶段的迈进，高校办学规模不断扩大，管理幅度和管理层次也相应增加，高校实际上已经成为一个复杂的组织系统，传统的金字塔式的组织结构已很难适应知识经济的要求。因此，应改变组织结构，建立一种有机的、高度柔性的、扁平的、符合人性的、能持续发展的、充分发挥员工的创造性思维能力的组织。

（六）全时空创新在高校学生管理中的应用

全时空创新是指每时每刻都在创新，它使创新成为涉及学校各个部门和师生员工的必备能力，而不是偶然发生的事件。这就要求在课程体系中增加创新能力的训练和综合实践课程，提高学生在亲身实践中发现问题、解决问题的能力，进而激发灵感，教师要更新教育观，转变教育思想，改变常规教学方法的树立，把知识的最新成果以及学术界正在争论的问题随时融进教学中去，身体力行地站在创新的最前沿。况且，在全球经济一体化和网络化的背景下，高校应该考虑如何有效利用创新空间，在全球范围内有效整合创新资源为己所用，实现创新的全球化，即处处创新。

（七）全员创新在高校学生管理中的应用

全员创新要求师生员工必须学习、学习、再学习，不仅要系统地学习，掌握基础的现代科学文化知识，而且要钻研某一专业方面的前沿领域，做到博与专，基础与特长的和谐统一，加强当前的阶段性学习力度，更要强调终身学习，不断增加新知识、新技能，构建良好的知识结构。高校学生管理人员再也不能像以往那样用传统的组织手段来指挥一群富有知识、渴望创造的教育工作者，而是必须不断探索高校学生管理中的新规律、新问题，研究现代化高校学生管理的新的方法论，寻求新形势下行之有效的管理方法，努力增强高校学生管理的科学性和艺术性，不断提高管理成效，用信息化管理方式取代传统管理方式，更要借鉴国内外先进的高校学生管理经验。

（八）全面协同在高校学生管理中的应用

正常的教学秩序需要稳定的教师队伍和部门间的协同管理创新。目前，高校规模的不断扩大使得高校学生管理创新呈现出纵向的多层次和横向的多部门性，并且相互依存。无论从高校教育和教学管理的主体还是从客体来看，都不可避免地会出现利益和要求的多元化局面。高校学生管理中的协同创新行为是高校多个部门创新的组合过程，必须让所有参与协同的部门了解当前高校组织创新的实际情况，这不仅有利于单个部门的创新，而且在创新的过程中能进一步增进相互的理解和信任，通过部门间相互协同创新，增强高校的凝聚力，提高高校的管理效率和创新能力，最终解决矛盾，缓解纠纷，消除内耗，达到整体创新的目的。

三、高校学生管理工作创新的几点建议

（一）完善学生管理制度

高校学生管理制度是在全校范围内具有普遍约束力的各种规章、条例、制度等，是高校依据国家有关法律法规制定的行之有效的管理办法。若想改变高校的学生管理制度而只是沿用老一套的管理办法是跟不上时代的发展的。因此，必须尽快制定出与时代和社会现状相符合的管理制度，完善管理上的不足。

（二）学生管理队伍专业化

目前来看，我国高校的学生工作管理队伍普遍存在这样或那样的问题，比如专业背景不同、理论基础不扎实，在学历水平和思想素质上也存在不小的差别，这对于高校的学生管理是十分不利的。因此，努力培养和造就一支学生工作的专家队伍是当前学生管理工作

创新的当务之急。一支专业过硬、素质较高的学生管理人才队伍，不仅能够管好学生，更能服务学生、培养学生，能够提升学校的综合实力。

高校全面创新管理体系的建立是一项复杂而艰巨的工程，不仅需要对全面创新管理中的要素理解掌握，还应采取如下策略：在宏观上政府要明确在高校科技工作上的职能定位，加强对高校科技工作的战略规划，对高校实行分类指导，引领科研方向；主观上加强校内、校外，国内、国际的科技交流与合作，建立和完善科教经互动的合作创新体制，构建开放的人才培养体系和多元化、多渠道的科技创新投入体系；微观上各高校要实施高校科技管理体制创新工程，建设科技资源共享的创新基础平台，实施科技创新人才选培工程，培育科技创新文化，提高投入资金的使用效率。

第四节　坚持"以人为本"的理念

随着现代教育的发展和教育改革的深入，"以人为本"的学生管理将最终取代传统的学生管理，这是学生管理改革和发展的必然趋势。人是管理中的首要要素，因而提高人的素质、调动人的积极性、促进人的全面发展是提高管理效果的关键。科学发展观的本质和核心是坚持以人为本。坚持以人为本，不仅在人类思想发展史上具有重要的理论价值，更应成为当今高校的一种新的办学理念。

一、什么是"以人为本"的管理

"以人为本"管理模式即以人为中心，在确立学生主体地位的基础上，围绕调动学生的主动性、积极性和创造性来开展一切管理活动，这种管理模式是高校学生管理模式发展的必然走向。"以人为本"的学生管理工作理念，就是要以人为出发点，充分尊重学生作为人的价值和尊严，充分尊重学生的人格、个性、利益、需要、知识、兴趣、爱好，力促学生全面发展，健康成才，并能可持续发展。这意味着要从那种把对人的投资视为"经济性投资"的立场转变为"全面发展性投资"的立场。"以人为本"的管理在处理人与组织的关系时，并不否定和排斥组织的目标，而是把人的自我发展和自我完善作为组织目标的组成部分。高校学生管理中坚持以人为本的管理思想，就是指高校学生管理工作必须以调动学生的积极性、做好学生的工作为根本。具体而言，就是要在高校学生管理过程当中坚持把教育和管理的对象——所有学生作为全心全意为之服务的主体。树立"以人为本"的高校学生管理理念，营造良好的服务氛围，对学生起到潜移默化的作用。高校从教学到行政管理，从学生学习到后勤服务，都要不断深化教育改革，转变教育观念，转变过去那种以学校为主体、以教育者为核心的工作思路和工作方式，变管理为服务，树立"一切工作都是为了学生"的健康成长的管理理念。"以人为本"的高校学生管理就是以学生的发展为高校工作的出发点和落脚点，一切为了学生，使大学生德、智、体、美全面发展。具体而言就是要理解学生、尊重学生、服务学生、信任学生。

二、实现"以人为本"的管理模式的必然性

高校是培养和输送人才的重要阵地，始终担负着为社会培养高素质的建设者和接班人的神圣使命。在现行的高校学生管理中，管理目标的抽象化和格式化也是高校学生管理的一大弊病。高校学生管理工作与学校的其他工作目标是一致的，都是为社会培养人才。

人性化管理是以情服人来提高管理效率的。人性化管理风格的实质就在于充分尊重被管理者的自由和创造才能，从而才使得被管理者愿意以满足的心态或以最佳的精神状态全身心地投入到学习和工作当中去，进而直接提高管理效率。人性的管理是情、理、法并重的管理，而不是放任管理，也就是我们提倡的教育人性化。对高校学生实行"以人为本"的管理模式抓住了学生管理中最核心的因素，因为学生管理就是人的管理。人的需求、人的属性、人的心理、人的情绪、人的信念、人的素质、人的价值等一系列与人有关的问题均成为管理者悉心关注的重要问题。这是高校学生管理的出发点和落脚点。

高校的基本职能之一就是为社会发展教育和培养人才，大学生已经具有了成为国家栋梁的基本潜质和条件，在教育和培养的过程中，要充分调动大学生的主动性、积极性和创造性，为他们提供能激发创造性和自主创新性的氛围。而要实现这一目标，高校学生管理就必须是人性化管理，从而实施"以人为本"的管理模式。首先要转变教育管理观念，树立科学的人才观。切不可用一种人才模式去苛求学生，限制学生的个性发展。学生管理工作者要有着眼于未来的宽广眼光和不拘一格育人的胆略。其次是要着重提高教师的综合素质，强化管理者的人格魅力。

在新形势下，主观上学生群体已经逐渐不接受传统的高校学生管理模式，客观上高校管理所面临的形势也不能使这样一种模式维持下去。招生规模的扩大，个性培养和创新教育日益被高校所重视等，这些因素都要求高校学生管理必须抓住"学生"这一根本，转变管理理念，提高教师的综合素质，强化管理者的人格魅力。进行人本化管理，其实是对教

师尤其是学生管理者提出了更高的要求。以人为本，促进高校学生管理和谐发展是时代的发展适应大学生全面发展和个性发展的必然要求。构建和谐社会和谐校园，新时期学生的思想特点等使得以人为本的管理模式成为必然的选择。

三、构建"以人为本"的学生管理模式

（一）加深对学生的本质认识

高校学生管理，无论是计划和任务的确定，还是内容和形式的选择，都来源于对学生的认识和把握，源于对学生发展中各种矛盾的深刻洞察。实际上，任何个体都有其自身具体、独特、不可替代的需求。不同个体的需求在整个群体中又都不是孤立存在的，它们之间是相互联系和作用的。就高校学生管理而言，学生对自身所处管理环境的感受，对自己在学校中的地位，对学习、恋爱、人际关系、就业等个人发展需要得以满足的程度，都是影响管理效果的重要因素。

离开了对这些因素的认识、洞察和把握，高校学生管理就成了无源之水、无本之木。因此，我们只有全面考虑学生的个体情况，重视个人需要在管理中的地位和作用，并把它们看作运动的、变化的，高校学生管理才能有的放矢，提高管理效率，从而收到预期的效果。

（二）营造"以人为本"的校园文化环境

环境是人们赖以生存和发展的自然条件和社会条件的总和。校园文化环境是指与校园文化的形成与发展密切相关的外部条件。校园文化环境包括校园的物质环境和校园的精神环境两部分。校园的物质环境是以布局成型的姿态出现的物质环境，主要是指校容，如建筑物的布局，室外的绿化、美化，室内的整洁、美观、大方等。校园的精神环境主要是指学校的传统习俗、校风、人际关系、心理氛围、文化品位及活动构成的气氛等。人的发展及才能的养成是遗传、教育、环境共同作用的结果。人不仅受他们所处的环境的影响，同时也在不断地改变环境。这个环境又进一步地影响他人和自己。就学校而言，这种对人的发展以及才能的养成产生影响的环境，就是校园文化环境。校园文化环境对学校的教育工作及师生员工的生活有着不可低估的作用。开展丰富多样、多元化的学生集体活动能够培养学生崇高的理想和高尚的道德情操，能够使学生的兴趣爱好和特长得到良好的培养和充分的发挥。在一个健全的集体中，学生的不良习惯及意识也比较容易克服，因为集体的影响、优良作风对学生思想品德的形成和发展能起到巨大的促进作用。要充分调动学生的积极性、创造性，设法激发学生的思维兴奋点，组织开展丰富多彩的集体活动，在集体活动

中教育、培养每个成员的集体主义精神，通过各项活动，积极发挥和发展学生的才干及特长，使活动和教育融为一体。

（三）构建以学生为中心的管理模式，实现学生自我管理

贯彻"以人为本"的教育理念，构建人性化的学生管理模式，其中最基本的有两条：一是确保学生在教育中的主体地位，充分尊重学生的人格与自主权利。二是要对所有学生负责，为学生的全面发展提供应有的服务。

作为教育工作的重要方面，在管理工作中确保学生的主体地位，尊重和维护学生自主学习的权利，就要保证教育主体的主观能动性得到充分的发挥，使他们的个性得到充分的发展，使学生的潜力和发展的潜质得到充分的挖掘。积极实践学生的自我管理、自我教育、自我约束、自我服务、自我发展等，不断培养和提高学生独立思考问题、分析问题、解决问题的能力，这不仅是改进学生工作，为学生的自主发展提供更大空间的需要，也是我们这些年来在学生管理工作中的成功经验。实际上学生的"自我管理"，就是一种民主的、开放的、人性化的管理，它更加有利于实现学生成才的目标。

四、学生在管理中的问题

高校学生通常叛逆心理较强，不希望被控制，希望自由，不喜欢被约束，不喜欢规章制度，喜欢自由自在。针对高校学生的这一特点，我们可以调动学生的主观能动性，使学生转换观点，不要让学生觉得自己被约束，让他们觉得自己是自由的。可以多让学生参加课外活动，多参加社团、学生会，使学生通过管理学会自我调节和自我管理。同时我们需要有更多的激励方式来调动学生的积极性，从而更好地进行自我管理。对于在学生管理方面表现出色的学生应该予以必要的精神鼓励和物质鼓励，这样学生才能够更好地进行自我管理，进一步更好地推进管理模式，形成良好的管理习惯。

五、加强学生管理机制

做好学生管理工作，需要大家不断地努力，通过多和学生沟通，了解学生，从而更好地做好学生管理工作，立足于学生所需、学生所想，实实在在地为学生做好服务。在管理方面，教师应该更多地阅读教育学方面的书籍，更好地了解现阶段学生的心理状态，知道怎样处理出现的问题，同时做学生管理工作的老师需要有满腔的工作热情和无私奉献的精神。这是一名管理者应该具备的，时时刻刻关心学生，了解学生的需要，从更人性的方面

出发。然后老师也需要合理的晋升培训机制，更好地鼓励管理工作做得好的老师，只有这样教师才能更有动力地做好管理工作。

高校管理工作是一项责任重大的工作，高校管理工作要围绕学生的基础需要，立足于学生的发展，更多的是做一个好的引导者，让学生朝着更好的方向发展。这才是我们管理者在以后的工作中需要加强的。

六、提高学生管理工作者的素质

"以人为本"的管理理念体现出管理的自主性、民主性、灵活性和发展性等特征，这对学生管理工作者提出了更高的要求。"教书育人"就是通过"教书"这一手段和过程来达到"育人"的目的。高校各门课程都具有育人功能，所有教师都有育人职责。学校道德教育的成效很大程度上是由教师的道德素养所决定的。教师及各类管理人员要从不同的方面对学生的行为产生影响和作用，确立全员育人和全程育人的观念。学生工作者要深刻认识并准确把握经济社会形势和发展趋势，面对这些变化所带来的影响，能够因势利导做好学生的教育引导工作。

建设一支高素质的学生工作队伍，一方面是高职院校要按照要求认真做好建设规划，做到与师资队伍和其他管理人员队伍的建设统一规划、统一实施；要明确条件、坚持标准，切实做好人员的选配工作；要周密计划、合理安排，扎实推进人员培训工作；要提出目标、严格要求，不断增强学生工作者的责任感；领导和有关部门要对学生工作者思想上重视、工作上支持、生活上关心、政治上爱护，使学生工作者都能够随着形势的发展和工作的进行不断提高素质和水平，以满足事业发展的需要。另一方面也要求学生工作者加强自身修养，明确神圣职责，增强责任观念，树立服务意识，努力学习，积极实践，深入思考，大胆创新，不断探索新形势下学生工作的新路子、新方法，不断总结适应新形势、新情况下的学生工作的新经验、新成果，在全面服务学生成长成才的过程中发展自己，实现自身的价值。"以人为本"的学生管理要追求以新奇制胜，以巧妙攻心，关注学生的日常生活和学习生活中行为表现的细枝末节，把为学生服务放在重要位置，创造性地进行管理。只有坚持"以人为本，和谐发展"的管理理念，适应新时期科学发展观的要求，倡导积极向上的学习观、人生观、价值观，实现学生管理模式的改革与创新，才能真正促进学生的全面发展、和谐发展和持续发展。

第五节 "以人为本"的高校学生管理模式

一、"以人为本"高校学生管理的内涵

"以人为本"的高校学生管理模式应包含以下几方面：

首先，要树立服务观念。随着高等教育成为一种消费，大学生不仅是高等教育的产品更是高校服务的客户，他们有权得到高质量的服务。要树立以服务为本的学生管理理念就要突出服务功能，提高服务质量，坚持从服务与管理学生、维护学生的合法权益出发，将教育、管理和服务有机地统一起来。

其次，树立民主管理观念。当前的学生要求平等参与有关自身利益管理的欲望越来越强烈，实施"以人为本"就要求在各种管理工作中重视人的因素，正确认识人的价值。人既是被管理的对象，又是管理的主体，应充分发挥人在管理中的积极性和主动性，形成一种全员参与的管理模式。高校必须强化学生管理工作中的民主观念，彰显"以人为本"的精神。

最后，加强法治观念。学生管理工作的"法治"，从本质上讲也是"以人为本"管理理念发展的必然要求。

"以人为本"的学生管理模式促进学生个性发展，与传统管理强调共性存在很大的区别，每个大学生都是具有个性的人，学生管理工作过程中过度强调共性，必然会扼杀人类本性中的创造性潜能，使高校的学生管理活动失去应有的生机和活力。"以人为本"的学生管理工作必须树立创新观念，注重发展学生的创新意识和创新能力。总之，"以人为本"高校学生管理的内涵可以归纳为以下几点：

第一，从心理学的角度来看，分析大学生的心理特征，准确把握大学生成长过程中心理变化曲线，理解他们的各种正当合理需要。

第二，加强"以人为本"理念的传播，对大学生进行人性化的教育管理，以人的本性为出发点，引导学生进行自我剖析。

第三，承认大学生的个性，并引导其个性的良性发展，使其共性合格，个性张扬。

第四，强化学生的主体性，发挥其在教育过程中的主体作用，激发其自我教育、自我管理、自我服务的作用。

第五，加强角色转换，加强督导作用。

第六，加强对学生的教育、指导、管理、强化服务，为学生的健康成长和全面发展创造条件。

二、推行"以人为本"高校学生管理模式的意义

（一）"以人为本"的学生管理模式代表高等教育管理手段改革的新趋势

21世纪是知识经济时代，知识经济崇尚民主、平等、创造性，强调人力资源开发和科技创新的作用，提出教育遵循"以人为本"的管理理念。因此，高校教育管理者面对知识经济的挑战，必须贯彻"以人为本"的思想，不断学习新知识、提出新观点、更新旧观念、开拓新思路，这样才能适应21世纪人文教育的需要。

"以人为本"的管理理念为新时期高校教育改革注入了新的理念。高校作为人类社会中传播知识和先进文化的重要阵地，作为学生树立正确的世界观、人生观、价值观和创新思维培养的重要场所，必须坚持"以人为本"的办学理念，这样才能理解学生、尊重学生、服务学生、依托学生和信任学生。只有充分理解学生的个性、学生的情感、学生的尊严和学生的思想，不断挖掘学生的潜力，才能培养学生的创新精神，因材施教，提高学生的主观能动性，发挥学生的聪明才智，尊重学生的主体意识，最大限度地发挥学生的想象力，使学生真正实现自我教育和自我管理。这些都需要我们建立、健全"以人为本"的高校学生管理体系，创造尊重学生的社会条件。但是，尊重并不是放弃原则，放弃对学生违规违纪视而不见或拒绝对学生错误言行进行批评、教育，而是真心地去关心他们：从思想上关心他们，使大学生树立正确的政治理想，坚定永远跟党走的决心和信心；从学习上关心他们，使大学生产生对学习的兴趣，自发地树立学习的目标：从生活上关心他们，使大学生感受到学校大家庭的温暖。良好的学习生活环境是学生成长、成才的必备条件。应根据学生个人发展的需要，时刻为他们的成长、成才提供锻炼的舞台和最佳的环境。这样学生就能不断地在思想上提高自己、在学习中完善自己、在生活中充实自己，为他们的自我实现、全面发展奠定坚实的基础。

（二）"以人为本"的学生管理模式在网络时代成为可能

网络正极大地改变着大学生的生活、学习方式甚至是语言习惯。对学生管理工作而言，网络为高校学生管理工作带来机遇的同时，也带来了极大的冲击。网络信息的快捷性、丰

富性和开放性特点，使得学生从学校和课堂获取知识的权威性受到怀疑。网络的虚拟性、隐蔽性使得网络成为有害信息的滋生地和传播地，使得大学生难以判别和抵御。

（三）"以人为本"的学生管理模式是大学生权利本位的要求

随着经济的发展和科技的进步，当代大学生已经具有了明显的时代特征，如强烈的自我意识、独立意识、平等意识、个性意识。他们大多见多识广，反应敏捷，接受新事物的能力强，在某些方面的知识已远远超过老师和家长，这是不争的事实，学生已不再满足于"你讲我听""你说我干"的顺从和权威崇拜的心理。但是，自理能力、协作意识差，意志脆弱，承受能力差也是当今大学生多出现的问题。

目前在校生中，00后学生已经成为高校学生的主体。这些学生由于受到特殊时期经济政治体制变化、思想领域变化和大众传媒方式日益多样化等因素的影响，学生的权利意识有了很大的变化。他们成长环境十分优越，缺少艰苦环境的磨炼，有相当一部分学生在上大学前，除了读书学习之外，很少参与社会实践和劳动锻炼，过着"衣来伸手，饭来张口"的生活，养成了很强的依赖性，优越的成长环境也使他们对生活有较高的期望值，总渴望着别人能让着自己、关心自己；他们缺少磨炼，在心理上过分依赖于家长和学校；没有挫折体验，经不起新环境和困难的考验，造成意志薄弱，承受能力差。另外，有相当数量的贫困生，心理压力过大，造成强自尊与强自卑并存，敏感与脆弱同在。这就要求高校学生管理工作要主动适应这种变化，创新学生管理工作的思路。要正确认定学校与学生之间的关系，正确认识和对待高校学生的权利意识，积极引导和培养学生正确的权利意识观念，让学生参与权利维护的实践和讨论，在行动与思考中成熟。

当前的大学生对自我权利意识有着较为自觉的认识，并且将其作为个性张扬、精神独立的重要表达方式。他们对个人利益的保护意识较为强烈，对自己作为教育消费者的身份有着较为清楚的认识，能够从消费者权利角度，主动了解并思考教育消费方面的诸多事情。比如，学费、住宿费等收费是否合理，教育质量是否和教育消费支出相称等等。对于学校的各项规章制度，他们也常常会发表自己的看法，评论其是否科学合理，并希望通过合适的途径表达自己的意见；他们希望更详细地了解学校发展情况及各项奖惩制度，所学专业的师资队伍建设情况及就业前景等。这样的维权意识能够推动学校更好地调配使用教学资源、更谨慎地建设并管理师资队伍，使校园管理更为科学化、人性化。

善于积极表达权利意识。据了解，当代青年学生已经不满足于仅仅停留在自我权利意识的觉醒阶段。作为希望接受优质教育的年轻一代，他们更加关注如何将自己的权利意识通过更为合理、妥当的方式表达出来，并最终获得实现。他们希望通过高效直接的途径，促使学校管理者能够从学校制度建设方面切实保障其各项正当权利，但是，他们仍然存在许多模糊不清的权利意识，表达方式易冲动。由于大学生自身年龄、知识视野狭窄等因素的影响，他们对自身的权利仍存在模糊不清的认识，他们有时会片面地夸大自身的权利却忽视义务或一味地抱怨学校仍存在的某些问题，却不能够积极地以主人翁的态度配合学校管理层做出应有的努力。因此，这就要求高校学生管理者不仅要尊重学生法律赋予的权利，更要警惕学生思想中因年轻而暴露出的片面化、极端化的倾向，正确引导、教育学生，实现学生成长和学校发展的共赢。

三、"以人为本"高校学生管理模式的特征分析

以人为本的高校学生管理模式较传统的管理模式主要有以下几个方面的特点：

（一）"以人为本"的高校学生管理模式注重学生的全面发展

以人为本的高校学生管理指的是以学生的发展为高校工作的出发点和落脚点，一切为了学生，使学生在德、智、体、美等方面全面发展。所以从管理的目标上来看，以人为本的管理模式更注重学生的全面发展。传统的管理模式把实现班级和学校目标、维护班级和学校利益作为最重要甚至是唯一的目标和归宿。人本管理在关注组织目标和组织利益的同时更加注重学生的成长与全面发展、个性化等问题，它认为学生管理的最终目标和归宿在于促进学生健康成长，在于培养具有独立的、鲜明的、多元化的个性的人，在于促进人的全面发展，实现教育目标等，而不是生产统一的、服从的、标准化的人才。

（二）"以人为本"的学生管理尊重学生的主体性

主体性，从根本上说，就是人（主体）区别于客体（自然）而有别于动物的基本属性。那么怎样才能体现人的主体性呢？马克思主义认为，只有体现在人同客体的相互作用中所表现出来的自主性、能动性、创造性才是人的主体性的特征表现。学生在学校中的主体性，正是通过"三性"（自主性、能动性、创造性）而表现出来的。

传统的管理模式认为规章制度是神圣的，是学生管理的中心环节，没有规矩不成方圆，制度是管理的保证，制度是铁定的、不可通融的，制度面前人人平等。反映在学生管理中就是实施"管、卡、压"的手段，这种管理方法实际上忽视了学生是一个具有自主性、能动性、创造性的主体。

如果学生管理离开了学生的积极参与，再好的管理制度也不会取得好的成效。也就是

说，要取得良好的学生管理成效，必须调动学生参与学生管理的积极性，尊重学生的主体性。尊重学生的主体性就要求我们对学生管理时贯彻"导之以行，晓之以理，动之以情"的原则。

人本管理对学生的管理，既可以通过制定、实施一系列的规章制度和管理措施来指导、约束、控制、规范学生的行为，也可以通过对环境的影响力和教育的影响力，对学生的管理产生潜移默化的影响。但这些只是影响学生管理的外部因素，外部因素只有通过学生的自觉性和积极性等内因才能为学生自觉地接受，在主观上加以认识和理解。因为学生管理不可能把社会的思想意识、行为规范简单地直接移植到学生个人身上，而是让学生在管理过程中能够自我反思、自我教育、自我激励，使学生树立自强、自立、自律的观念。以人为本的学生管理的对象是人，所以学生管理活动的实施对象是有思想、有独立人格，主动性、自主性和主观能动性的不断成长、发展着的人。每个学生都具有自己独立的人格、尊严和个性的需要。所以以人为本的学生管理是围绕激发和调动学生的主观能动性为核心的，尊重和发扬学生的主体性。并且以人为本的高校学生管理尊重学生、理解学生、服务学生、相信学生，最大限度地发挥学生的主动性与创造性，强调学生是学生管理的主体。

（三）"以人为本"尊重学生的个性发展

根据马克思主义关于人的学说，个体性是指个体在自然素质（又称遗传素质）的基础上，通过个体的活动、接受教育和社会环境的影响而形成的有个体特质的心理特性的总和，个体性具有先天性、差异性、社会性和可塑性等特征。个性发展的核心是自主性和创造性的发挥。

传统的学生管理忽略了一个明显的事实，那就是学生是一个不断成长不断发展着的人，是一个由个体性的人向社会性的人的发展成长过程。导致在学生管理工作中许多教师总喜欢学生循规蹈矩，唯命是从，不能容忍学生的缺点，一旦学生有某些不规矩的地方，便会采取一些强制性的教育手段，不仅方法粗暴，而且收效甚微。这种管理模式追求"齐步走""整齐划一"，对学生个体之间的差异和个性特征重视不够。因而造就出来的学生都是"千人一面"，缺乏创新性的思维品质，无法适应时代发展的要求。

现代社会既为人的个性发展提供了极大的可能性，也对人的发展提出了更高的要求。现在培养的学生除了应当具有扎实的基础知识和较强的实践能力以外，更要有全面优良的素质和适应社会变化的能力。这就意味着一个人不仅要有强烈的事业进取心、社会历史使命感和责任感，有丰富的想象力、深刻的洞察力和科学精神，有正视挑战、参与竞争、关心他人、合作共事的优良心理素质,而且还要有自觉、自主、自强、自信、进取、创新的能力。人本管理思想坚持面向全体学生,为全体学生的全面发展创造相应的条件,但却不是千人一面,而是多样性的因材施教的教育。在全面发展的基础上,注重培养学生的个性特点,不拘一格育人才,最大限度地调动学生学习的积极性和主动性,引导他们主动地去认识自我、反省自我、寻求真理、完善人格,把自己塑造成为具有鲜明个性特征和良好素质的社会主体,形成人才辈出、群星荟萃的局面。在学生工作中鼓励学生多出头、敢出头,充分地发挥学生的专长。这种模式充分地尊重学生的个体理性,使其能够自主地为自己确定目标,并为实现这些目标而选择合适的手段,充分地满足学生自己的需要。

(四)"以人为本"的高校学生管理体现因材施教的原则

"因材施教"是我国古代一条重要的教学原则,是孔子在长期的教学实践中创立的。"因材施教"强调教师在教育学生时,应该根据每个学生的具体情况和特点,如能力、性格、特长、原有基础等,提出不同的要求,选择适当的教法,给予受教育者不同的教育,以促进学生的发展。

"因材施教"强调的是教师依据学生的个性特点进行教学。但是在实际的教学工作中,许多教育工作者没有正视学生的主体地位,仅仅把学生当作教学的对象,只看到学生受动的一面,而没有看到学生能动的一面,压抑了学生在教学过程中的主动性与积极性,束缚了学生主体性的发展。体现在现实实践中就是表现出专业设置过细,培养目标单一,教学计划和考核评价标准注重共性和统一,一刀切。受这种传统观念的影响,学校开设什么专业,学生就学习什么专业;学校开设什么课程,学生就学习什么课程,学校安排什么样的老师,学生就听什么老师的课。这样下来,学生完全处于从属、被动的地位,个性发展根本得不到尊重,由此导致学生视野和思想不够开阔,专业素质不高,创新意识和创新能力较弱,难以适应社会和个人发展的需要。

"以人为本"主张"人本位",强调"学生第一"的办学理念。现在许多大学在办学的过程中就进行了一系列的改革。如实施学分制管理模式改革,学生可根据自身的情况提前毕业或推后毕业;制定了第二专业、辅修专业、第二学位的学籍管理规范,建立了具有约束机制的淘汰制度,并在此基础上试行了学生入学一年后转专业制度;实施了学生先选课、教务再排课制度,这赋予学生更大的选择权和自由空间,增强了学生的主体意识;大力开设跨院(系)选修课,放开学生选修范围,鼓励学生在全校范围内任选课程。还有一些高校,为充分利用地源优势,鼓励学生跨院校选课,实现校际教育资源共享;一些学校还实行学生选老师制度，某门课程达不到规定的上课人数，该任课教师将被取消任教资格。这些措施的陆续出台和实施，满足了学生个性发展的需要，尊重了学生的主体性，展现了因材施教的原则。

（五）"以人为本"强化学生管理的服务意识

传统的学生管理模式所注重的是管理者的优先地位，强调个体对群体的服从，忽视了学生的主体地位和学生的权益。它往往把学生作为规范和约束的对象，要求学生的行为符合社会规范和学校的要求，以"不出问题"作为管理的目标，不注重学生个性和创造性的发挥，忽视了学生自由而全面的发展，这种管理模式既不适应目前高等教育所面临的新形势，也不利于强调创新精神的素质教育这一人才培养模式的构建。

我国《中华人民共和国高等教育法》1999年施行明确规定，教育属于第三产业，即服务行业。高等院校既然属于服务行业，就要努力增强服务意识，提高服务质量。在现代市场经济社会中，有不少学者把学生和学校的关系比喻为买方和卖方的关系，即学生作为消费者进入学校，有权利要求管理者提供给他所真正需要的服务。所以，学生管理工作者必须正视学生的这种权益意识，在给学生提供图书资料和网络信息、社团活动和文化体育娱乐、生活和就业指导等诸多方面的服务时，充分尊重学生的主体地位，注重学生个性和创新性的发挥。

当把学生理解为买方，特别需要注意的是他们的特殊性，他们在身心方面都还没完全成熟，缺少人生的经验，需要学生管理工作者给他们提供一种特殊的成长服务，成长服务包括心理咨询、世界观、人生观和价值观的指导，个人潜能发展的引导以及个人权益的维护等。这就要求学生管理工作者具有一种高度的责任心，为学生的发展所必备的独立人格、人文素质、正确"三观"和创新精神的塑造与培养提供帮助，这样就体现了"人本位""学生第一"的办学理念。

四、构建"以人为本"的高校学生管理模式

（一）重新认识和理解学生的本质

高校学生的管理工作，不管是制订工作计划还是安排工作任务，或是选择管理的形式和内容都离不开对学生的了解，离不开对于学生遇到的问题的思考。我们知道，每一个单独存在的个体都有自己独一无二的具体的需求。当然，个体的不同需求并不是孤立于整体而存在的，他和整体之间存在着必然的联系，二者相互影响相互作用。在高校学生管理的

整体中，学生作为一个独立的个体，他对于周围环境的感受，对于自己在学校的位置，对于高校学生管理产生的效果都会产生影响。如果不重视对这些要素的认知和把握，高校学生管理就会失去活力和存在的价值。所以学生的个体情况必须引起我们的重视，重新认识个人需求在管理中的重要性，认识到个人需求是不断发展变化的，只有这样高校学生管理才可以明确目标，逐步改善，进而实现高效管理的期望。

（二）高校的管理方略要以学生为中心，鼓励学生开展自我管理

要将这一模式贯彻下去学校必须做好充分的准备，具体要做到以下几点：首先，努力创造宽松、和谐的校园环境，营造学生自我管理的氛围。为学生提供优良的文化环境是高校的责任也是实现学生自我管理的基础。对于可以对学生产生深远影响的同时学生也对其产生影响的校园文化环境，高校必须引起足够的重视。学校的文化环境应该尽量宽松，使学生可以自由地成长并且可以弘扬学生的主体精神。其次，对现存的学生管理结构进行改革，创立学生自我管理制度。作为自我管理的主体，要求学生要充分发挥自身的创造性和责任感。成立专门的机构为学生自我管理的正常开展提供保障，并且保证学生自我管理形成制度化和常规化。

（三）实现学生管理方式的不断创新

高校的学生管理方式是否科学和合理，对于学生的发展和培养起着关键的作用。因此，高校的学生管理要注意以下几点：首先，重视教师的作用，关注其对学生的潜在影响。在人本主义心理学看来，讲道德的理念教育与实践相结合，将其融合在日常教学活动中是最好的道德教育方式，有助于学生在不知不觉中完善自己的人格。其次，采用合理的教育方法和形式，使其与教学目标和内容相适应。结合大学生的心理特点和认知能力的特征，关注学生的真实生活体验，从他们的体验出发去帮助他们完善自己的价值观、人生观和世界观，帮助他们学会思考和判断，具备独立生存的能力。同时要发掘学生的优势和自身的管理能力，促使他们在自我管理中培养和提高自身的综合素质。

第六节　目标设置理论下的高校学生管理模式

在高校中，辅导员是学生管理工作的组织者、实施者和指导者，是从事学生管理工作的一线人员。辅导员与学生走得最近、接触最多，辅导员对学生了解最多、影响最大。所以，辅导员的管理思想和管理方法直接影响着高校整个学生管理工作的质量和水平，只有

将目标管理理论应用到辅导员的日常学生管理工作中，才能指导工作实践，不断地提高高校学生管理工作的质量和水平。

一、目标管理理论的特点

目标管理理论是由美国管理学家彼得·德鲁克根据目标设置理论提出的目标激励方案，目标管理是企业组织或管理者运用激励机制的作用，以组织目标的设置和分解、目标执行过程中的跟踪控制、目标执行成果的奖惩为主要手段，把组织目标转化成被管理者的目标，通过员工的自我控制、自我管理来实现组织经营目的的一种管理方法。目标管理理论主要有以下几个特点：

1. 目标管理不是对目标的管理，而是通过目标实现管理。

2. 变"压制式"管理为"参与式"管理。德鲁克认为，组织必须将自己的目的和任务转化为目标，管理者和被管理者必须一起制定组织的总目标，然后将总目标分解为各职能部门的分目标。在目标的制定和分解中，必须全员参与，重视被管理者的主体地位，被管理者在其中有充分的发言权和自主权。

3. 让员工自己管理自己，变"要我干"为"我要干"。目标管理理论认为，个人目标和组织目标是相统一的，完成组织目标就是完成个人目标。在目标实施阶段，它强调：管理者必须下放权力，充分信任一线人员，发掘员工的工作潜力，使他们进行自我控制、自我管理，独立自主地完成各自的任务。在目标成果评价阶段，它强调：每个管理人员和员工完成的分目标就是他们对组织的贡献，成果评价和奖惩必须严格按照每个人的目标完成情况和实际成果大小来进行，以激励其工作热情，充分调动员工的工作自主性、积极性和创造性。

二、高校学生管理工作困境呼唤目标管理

高校学生管理工作与目标管理理论的有机结合，是由目标管理理论的特点和高校学生管理工作的困境决定的。

在高校，辅导员的学生管理工作一直面临着两大困境：一方面，辅导员和学生朝夕相处，与学生之间建立了密切的关系。从入学环境的熟悉，到生活上琐碎事情的解决，以及专业学习的咨询，学生有事就找辅导员。所以只要与学生沾边的事情辅导员都要去抓、去管，这种工作现状常常致使辅导员的内心处于一种矛盾状态：自己的工作职责究竟是思政

教育还是学生管理？还是两者兼而有之？如果两者兼而有之，那么日常工作的重心该如何权衡？这种矛盾心理会在实践中严重影响辅导员的工作效率和工作水平。另一方面，在高校学生管理工作实践中，专职辅导员的师生比设置不低于1∶200，再加之学生事务的琐碎，所以辅导员的工作量很大，工作任务也较繁重，在这种情况下，如何保证学生管理工作的质量和水平又成为辅导员面临的另一困境。其实，思政教育和学生管理并不矛盾。根据目标管理理论，辅导员可以通过目标管理引导学生参与自我管理，把思政教育融入目标教育中，实现思政教育和学生目标管理的统一，这样既可以防止辅导员日常工作的失衡，又可以帮助辅导员提高工作效率和工作水平。

三、目标管理在学生管理中的具体运用

第一，确定目标管理的推行范围。确定目标管理的推行范围，就是选择目标管理的推行受众。高校学生管理工作实践表明，大一学生是目标管理最适合的推行受众。与其他年级学生相比，大一学生有一个明显的特点，那就是他们在各个方面（如学习、交友、工作、对未来的期望等）的积极性和热情都要明显高于其他年级。而且有一项研究表明，较其他年级学生来说，大一学生的各个目标设置水平都要偏高，这些目标包括学习目标、社交目标、社会责任目标以及未来发展目标等。这主要是因为大一学生都是刚踏进大学校门的新生，他们对大学生活充满了各种期望和设想，他们的世界观、人生观和价值观还都处在理想和现实的边缘。所以，大一学生的特点决定了他们处在目标教育的关键时期，是辅导员进行目标管理最恰当的推行范围。在具体推行过程中，辅导员应该采取分班级渐进式推行。

第二，加强对学生的宣传和教育。宣传和教育的目的是让学生对目标管理有充分的了解，为后续目标管理的顺利进行打下基础。在这一阶段辅导员需要做以下几点工作：一要对传统的班级管理干部即班委的成员和结构稍做调整。班委成员的确定原则是简洁高效，班委的组成结构是三级制，班长、团支书下设学习委员、宣传委员和组织委员各一人，然后下设各学习小组组长，学习小组以宿舍为单位组建。二要明确宣传教育的主要对象。虽然大一学生都是辅导员宣传教育的对象，但宣传教育的主要对象应该是班干部，因为他们能否正确理解和执行目标管理对其他学生理解和执行目标管理具有重要的影响。三要明确宣传教育的内容。宣传教育的主要内容是"什么是目标管理"以及"如何具体执行目标管理"，教育重点是让学生清楚目标管理较之传统管理的优势，让学生明白目标管理与他们自身学习发展的关系。四要选择合适的教育方法。宣传教育要层层推进，责任到人。辅导

员对班干部要进行重点培训教育，对全体学生可以采取讲座或印发宣传手册的方式进行。同时，各班班干部要采取班会、板报等形式对本班学生进行有针对性的宣传教育，学习小组组长要负责对本小组成员的宣传教育。

第三，师生共同制定发展目标。南京信息工程大学周祥龙老师曾提出一个"四年之约"理论，所谓"四年之约"就是引导、教育大学生对大学生活进行规划，确立学习、生活及择业、就业的总目标和阶段性目标，并对其目标的践行进行有效的指导，进而使其能够顺利实现自己的目标，帮助其成人、成才。这里，师生要共同制定的目标就是"四年之约"目标。目标的制定过程是师生互动的过程，在这个过程中，辅导员需要注意以下几点：

1. 目标一定是学生自主制定、自愿执行的。

2. 目标包括长期目标和短期目标。长期目标是短期目标实现的结果，短期目标是根据长期目标制定出的分阶段目标即学期目标。

3. 辅导员要充分发挥引导作用。辅导员要不断地向学生进行政治目标、职业目标以及专业目标等关于大学生自身发展目标的教育，并通过问卷、班会、个别交谈等形式，了解学生的情况，了解学生的意愿、志向，帮助学生分析，引导学生"设计"自己的前途：我要成为具有怎样的素质和道德修养的人（思想道德发展目标）？成为具有怎样的智能和专业素质的人（专业发展目标）？成为具有怎样的身体素质和心理素质的人（身心发展目标）？

4. 师生共同制定出的目标要具备三个特征：一要可量化，目标数量不宜过多，并有轻重缓急之分。二要具体化，特别是短期目标。三要有可行性，目标不能好高骛远；四要有适度挑战性。

第四，控制目标执行过程。目标制定后的关键步骤在于践行。在这一阶段，辅导员和班干部要做好过程控制工作，即做好目标执行过程中的监督、检查和调整工作。过程控制的首要目的是要及时发现并修正目标执行过程中的偏差，同时要重点帮助特殊群体，鼓励学生持之以恒。为做好过程控制工作，辅导员要充分发挥班干部特别是学习组长的信息桥梁作用，及时、全面地掌握学生目标执行动态，定期召开动员会、交流会，并做实月汇总、月考核、月反馈工作。

第五，考评目标执行结果。目标执行结果的考评是一个总结、评价与反思的过程。它既是本轮目标管理的终点，又是下一轮目标管理的起点，发挥着承上启下的重要作用。这一阶段辅导员需要把握好三点：一是考评的奖惩标准一定是事先和学生共同商定的，辅导员不能随意更改。二是考评工作一定要及时做,否则其激励作用就会大打折扣。三是考评的目的不是简单的奖优惩劣,而是要实现学生的成长、进步,所以对于目标执行结果不理想但在目标执行过程中态度端正、积极要求上进的学生,也是我们奖励的重点对象。

第七章　新生代大学生的教育管理策略

第一节　更新大学生教育管理理念

随着当今国际形势的深刻变化和改革开放的不断深入，高等院校学生教育管理工作既面临有利条件，也面临严峻挑战。面对新情况和新问题，需要高等院校管理者重新思考高等院校自身所处的社会环境变迁，正确认识全球化、网络化、数字化、信息化给学生工作带来的冲击，积极探索新环境、新情况下学生管理工作的新思路、新理念，为大学生的学习、生活提供最大可能的指导和帮助，使他们能够健康成长、成才。

教育管理理念是高等院校育人工作的核心因素，是统领学校育人工作的灵魂，对于其他因素具有显著的整体制约性和指导性。在对大学生心理健康影响因素的研究中，我们发现大学生心理健康受到学校教育因素的影响。从当前大学生心理健康现状以及对其影响因素的综合分析来看，要促进大学生心理健康水平提升，高等院校的大学生教育管理理念必须进行革新。从整个高等教育领域发展来看，我国高等院校正在从扩张办学规模向提升人才培养质量的道路迈进，正在经历由只专注学生知识技能的培养向更加重视学生心理潜能的开发转变，要完成这样的变化，也必须从总体教育管理理念的革新开始。

一、新时期高等院校学生管理工作面临的新情况

（一）全球化意识和社会主义市场经济对高等院校教育管理工作的影响

全球化意识就是指在世界范围内起作用的正在形成过程中的世界整体意识和全球文明。全球化意识的弥漫和渗透趋势在不断加强。全球化借助于网络技术成为一种现实的运动，并在广度、深度、强度和速度等方面都达到了前所未有的程度。而实际上，我们每一个人，不但是某一个国家的公民，而且也是地球村的一个村民，即是世界公民。地球上任何地方发生的事件和危机，都可以迅速传遍每一个角落。学生的思想也处于一个更加开放的环境，特别是国外敌对势力利用经济、政治、军事优势，加紧对我实施"分化""西化"

图谋，利用各种手段和渠道对青年一代进行思想文化渗透。在这种情况下，如何让青年学生充分吸收国外优秀文化成果，又能自觉抵制不良思想的侵蚀，是高等院校管理者应当思考的一个重要问题。

同时，随着社会主义市场经济的深入发展和不断完善，我国社会经济成分、组织形式、就业方式、利益关系和分配方式日益多样化，大学生思想活动独立性、选择性、差异性日益增强，这些也使学生管理体制面临新考验。

（二）信息与网络时代对高等院校教育管理工作的冲击

卫星通信、数字化、多媒体和计算机网络等技术的发展，对高等院校产生了巨大的影响，校园的网络化、信息化、智能化、个性化特色，真正突破了传统的教室和校园围墙的界限，使知识的创新、传播、转化和应用的速度变得空前快捷。网络已经促成一所所没有围墙的大学的诞生。信息化、数字化、个性化的社会环境为学生提供了无穷无尽的生活空间，他们获取知识和信息的渠道比以前的人要多得多，获取信息、传递信息的手段比以前更先进、更快捷。由于外部世界的多样化，再加上学生缺乏辨别是非、认清善恶的能力，最终会导致学生对传统文化认同度降低。这对高等院校的学生管理思想、管理体制和管理方法造成了巨大的冲击。

二、新时期高等院校学生管理工作的新思路

（一）树立"以学生发展为本"的教育价值观

教育价值观既体现为学校教育的价值取向和追求，也体现为人们评判学校教育价值有无、高低和大小的重要指标。高等院校的教育价值观表达了高等院校教育活动的最高价值追求，它决定着高等院校育人工作的核心价值行为，当前高等院校育人工作存在的许多问题的核心就是其教育价值观问题，其中也包括大学生心理健康问题。面对大学生心理发展和素质提升的现实需求，高等院校必须树立"以学生发展为本"的教育价值观，以促进其大学生教育管理工作。在这里，"以学生发展为本"的教育价值观应包含三个含义：

1. 学生的"人的价值"是高等教育价值的中心

理论上人的价值具有个人和社会两个不同属性，在现实中如果人的价值是由他所创造的社会价值所决定的，那么他全面自由发展的水平决定着他创造活动的水平，进而决定着他所创造的社会价值。从这一视角出发，大学生的自我价值同其创造的社会价值应该是统一的，这也就是大学生个体作为目的和作为手段的统一。因此，片面强调大学生个体的价

值就是对他人、对社会的贡献，忽视其个人发展的需要甚至否认个人的价值主体地位的教育价值观，就是没有领悟到人的自我价值与社会价值的辩证联系，这必然导致高等教育中学生的主体地位被抹杀，使得高等教育成为"无人"的教育，更别说大学生培育了。在当前高等教育领域，许多高等院校仅仅是把"以人为本"的理念停留在口头上，还没有真正深入头脑，成为行动。面对各种指标和短期效益，这一理念往往被抛到脑后，这也是导致大学生心理问题的根源，因此，无论是从哪个方面来说，高等院校教育活动的价值必须以学生的个体发展为中心，也就是以学生的"人的价值"为中心，这是高等院校培育大学生的前提和基础，脱离了这个中心，高等教育活动的社会价值以及经济价值、文化价值等也不可能得到有效实现。

2.高等院校教育价值的提升来自学生价值的提升

人通过接受教育获得生活技能和智慧，精神世界得到进一步的丰富和发展，从而使人的生活更加有意义。教育对人发展的决定性作用表明教育活动就是为人的发展和创造活动开展和设计的，教育中的所有因素的价值都是在提升人的价值过程中得以显现的。因此，可以说满足大学生身心发展的需要是高等院校教育价值的主要体现。在现实中，文化传承、服务社会、科技创新固然体现着高等教育的价值，但是对教育价值的整体考量，学生价值的提升才是彰显教育价值的根本，因为人的价值是创造其他价值的基础，所以，如果没有学生的全面发展，没有学生素质的提升，教师发表再多的论文、产出再多的科技成果，都体现不出教育的根本价值，是本末倒置的价值考量，是违背教育伦理原则的价值取向。

3.促进个体和谐发展是高等院校提升学生"人的价值"的根本前提

高等教育的基本功能就是提升人的价值，即提升大学生个体的人格价值和社会价值。在高等教育提升人的价值的过程中，只有首先使其个人潜能和素质得到充分发展才有可能实现其价值的更大提升，从这个意义上来说，促进大学生个人的全面发展，是提高其个人价值的根本前提。从教育学意义上理解，大学生的全面发展是指其基本素质的全面发展。这是新时期对大学生全面和谐发展的基本要求，也是大学生心理素质发展和提升的内在需求。可见，只有大学生具有了完整人格才能够发挥更好的影响力，只有个体的社会价值得到充分展现，大学生才能够更加自信、乐观，才能够具有发展动力和更强的意志力。

（二）树立正确的高等教育伦理实践效益观

高等教育存在的价值合理性就在于能够依据人的成长发展需要和社会发展客观规律，开展有目的的、自觉的和能动的教育活动，实现其承载的促进人的全面自由发展和为社会发展培育高素质创新人才的功能。高等院校教育只有在两者之间找到一个相互协调的平衡点，这样才能很好地完成这两项基本功能，这是高等院校教育伦理实践效益的基本标准和要求，也是保障高等院校有效开展大学生管理培育工作的前提条件。

1. 高等教育伦理实践应体现出个体层面的价值功能

高等教育伦理作为一种道德行为规范，起着调节教育活动中教育主体之间关系的作用，它规定着教育主体应该做什么和怎么做，引导教育主体行为以"善"为价值取向，从而推进受教育主体的全面发展。高等教育伦理作为一种特定领域教育活动的内在善恶规范，对于受教育者应当如何发展、成长为什么样的人，在实施教育行为之前，已经预设好了预期结果和路径，并据此结果和路径组织教育实践，使受教育者在教育实践的影响下形成具有鲜明自我特征的个性品质，并按照预期路径实现个人的自由全面发展，最终成为人性得到全面诠释的真正的人。此外，高等教育伦理作为高等教育主体把握教育实践活动内在本质的特殊方式，还反映着主体行为的价值意识，引导着主体对现实高等教育实践活动的价值选择，对主体的人格完善和发展具有促进作用。

2. 高等教育伦理实践应体现出社会层面的价值功能

高等教育伦理作为社会伦理系统的一个组成部分，在对象和内容上包含了社会的各个层次和方面，主要是通过受教育的人对社会产生间接导向作用。高等教育的基本功能是培养高素质创新人才，通过培养人才为社会生产服务，为经济发展服务，为政治活动服务，为文化传承服务等，实现高等教育的经济价值、政治价值和文化价值，即社会价值。因此，高等教育伦理的社会价值也要最终通过其培养的人去实现，并体现为一种社会功能。高等教育伦理作为调节主体教育活动的道德规范和价值精神，其实现自身社会功能的基本路径就是通过优化教育发展和提高受教育者的整体素质和能力，进而促进社会现代文明的发展。从一定意义上来讲，高等教育伦理这一社会功能具有一种特殊的人力资本价值，不但对社会的政治、经济和文化发展发挥着积极作用，而且对个体的自我效能、希望等品质的发展也起着特殊的作用。

高等教育伦理的个体功能和社会功能是不可分割的两个方面，高等教育伦理实践的理想效益就是通过高等院校教育活动使其具有的个体功能和社会功能达到统一，促进两个功能和谐发展。

（三）凝练全方位育人的学校育人观

高等院校教育过程中包含着很多影响大学生心理问题的因素，如在师生互动过程中的人际支持、成就动机的激发、教师个人魅力和教育管理主体素质的影响以及学校制度文化和环境文化熏陶等，这些因素都会对学生心理活动过程产生潜在影响。因此，树立全方位育人管理思想对大学生培育管理具有积极作用。目前，多数高等院校的管理者都认识到了全方位育人的重要作用，但是在如何实现全方位育人，如何通过系统的全方位育人方案提升大学生心理健康和整体素质水平方面还没有一套成形的思路或做法。在此，高等院校有必要进一步凝练和明确全方位育人的育人观，使学校管理架构中的每一个方面都充分发挥自身优势，形成合力，进而促进大学生整体素质有效提升。

1. "全方位"要体现在一个立体的、系统的整体上

高等院校教育过程中包含的影响大学生心理健康的外在因素是多方面的，既有教育者主体作用，也包含着环境因素。教育主体内涵非常丰富，从广义讲，教育主体不仅包括教师、后勤人员、管理人员，也包括大学生自身和家长等，但是从直接发挥作用的主体上看，主要体现在辅导员、教师、学生群体和家长等几方面。环境因素是影响大学生心理发展的重要外部因素，主要包括了非物质环境和物质环境。在这里，环境的创造离不开教育主体的作用，不同的教育主体发挥着不同的积极作用，大学生的外在影响因素充满了复杂性、联动性和特殊性，这就构成了与大学生个体内在因素相互作用的一个外在的立体的整体系统，在这个动态的整体系统中，每个影响因素在不同时期、不同事件中的作用又不同，它们之间互相促进或者互相抑制。因此，全方位育人就要充分发挥各要素的整体性、联动性和积极性，发挥影响因素的立体作用，不能将各要素割裂开来单独审视，期望其独立发挥作用。

2. "全方位"还体现在教育主体影响作用的多面性、复杂性上

在高等院校育人过程中，影响大学生心理问题的因素来自方方面面，呈立体型。同时，就每一个因素来讲，它的作用又体现在多个方面，这些作用有可能是相互促进的，也有可能是相互抑制的，并且每一个作用的影响力大小也不尽相同。例如，教师既可以通过良好的师生关系为学生日常生活提供积极的人际支持，进而对学生人格发展产生积极影响，也可以充分发挥自己的才华，在教学活动中充分展示自己的人格魅力感染和影响学生，还可以精心设计教学过程和教学内容，通过教学过程的实施和教学内容的展现影响学生等等。通过调查我们发现，在每个教育主体的作用中，人际支持作用对心理问题影响作用最重要，主要包括家长的人际支持、教师的人际支持、同学的人际支持等。因此，全方位育人不仅要体现在育人主体的丰富性、系统性上，还要体现在每一个育人主体作用的多面性、复杂性上，全方位育人要切实考虑到每一个教育主体的育人优势，充分发挥优势作用。

3. "全方位"还体现着校园文化作用的立体化

从高等院校育人过程的宏观角度来看，校园文化作用是全方位育人工作的一个方面，它与各个教育主体互相联动。但是就校园文化自身来看，它又是一个由各种因素构成的立体网络结构，既包含意识形态的内容，也包含物质的一面，如校园制度文化、学术氛围、社团文化、校园环境等。这些结构相互作用、相互影响，构成了一个整体，在育人过程中发挥着整体作用。在意识形态方面，有的通过各项制度体现，有的通过行为活动体现，还有的通过校园历史的积淀体现；在有形的物质方面，有的通过校园环境体现，有的通过教学设施体现等等。无论是物质的还是意识形态的，都通过其特有的方式对大学生的心理活动、思想意识发挥着作用，其作用的大小也会因学生群体自身特点的不同而不同，因作用方式和强度大小的不同而不同。因此，高等院校校园文化建设既要考虑不同影响因素的作用方式、作用效果，又要考虑不同大学生群体的自身因素。

（四）创新高等院校生涯教育观

生涯规划能力是大学生应该具备的基本能力，是大学生开展生涯规划的基础，是大学生实现其全面发展的前提条件。高等院校生涯管理就是为帮助大学生做好生涯规划，培养大学生生涯规划能力而针对个体开展的一系列影响活动，通过一系列的制度、措施引导和帮助大学生规划生涯，提升其生涯规划能力，使之能够有效地规划自己的大学生涯，自觉开发自我发展潜能，为其以后的生涯发展奠定能力基础。我国高等院校开展大学生生涯教育起步较晚，多数高等院校的生涯教育偏重于职业指导和职业规划，没有形成中国本土化的高等院校生涯管理理念，同时我国当前高等院校生涯管理仍存在许多问题，高等院校生涯管理工作不能适应大学生生涯发展需要。因此，高等院校在大学生心理健康培育和提升过程中应创新高等院校传统生涯教育观念，树立生涯管理意识，强化学校生涯管理工作。

1. 高等院校生涯管理的主要任务是培养大学生的生涯规划能力

高等院校生涯管理是指高等院校为实现高等教育的人才培养目标，满足大学生个体全面发展的实际需求，对大学生在校阶段的生涯发展实施的管理和辅导工作，其主要任务是培养大学生的生涯规划能力，具体来讲：一是培养大学生生涯探索能力和自我经营能力，使学生正确认识自我、了解自我、接纳自我，具有强烈的生涯发展需求，能够清醒地面对未来的职业发展，了解相关职业领域的发展需求和现状，努力充实专业知识，提升职业技能，积极探索自己潜能发挥的有效途径等等。二是培养大学生生涯决策能力，使学生在生涯发展的一系列决策过程中，知道如何设定生涯目标和如何及时调整目标，如何确定自己职业发展方向和未来职业范围，在面对抉择情境时，能实事求是看待问题并做出正确决策。三是培养大学生生涯行动及监控能力，使学生在计划执行过程中能够通过有效的时间管理、建立良好的人际关系、积极适应周围环境变化、创造性地解决问题来保证计划实施、及时调整不合理计划以及就自己发展的不足积极提升自己，以适应生涯发展对个体的新要求。

2. 以"生涯管理"基本理念指导学生开展职业生涯规划

从生涯发展角度来看，大学生正处于对未来职业进行探索阶段，只凭个人的经验和能力很难对未来职业生涯进行准确定位，开展合理规划。高等院校开展生涯规划指导，可以帮助学生进一步正确认识自己的兴趣、职业意向、职业潜能和职业素养等，使其尽早明确职业发展目标和方向，从而及时调整专业知识结构，弥补实践技能的不足，进一步增强职业综合素质和就业竞争力。因此，生涯管理要从观念上消除把职业指导等同于就业安置或提高就业率的误区，充实就业指导工作内涵，转变就业指导工作思路，把就业指导的重心转向学生生涯规划指导，不断激发学生职业规划的意识，引导和帮助学生选择正确的职业生涯发展路径，以实现学生期望的自我社会价值。

3. 高等院校生涯管理是对学生的教育实践实施的全方位指导

完全意义上的高等院校生涯管理是以生涯辅导为基础的全方位指导，其中主要包括与学生的个人发展愿望相结合、与学校的整体教学过程相结合、与国家和市场发展对人才的需求相结合三个方面。大学生涯管理是指培养生涯规划能力的教育活动和辅导活动，通过制度建设、计划制订、教育教学活动、师资队伍建设来实现学校影响。例如，学校可以要求专业任课教师将关于学生生涯发展认知、生涯态度等有关内容融入教学内容中，可以要求指导教师将生涯管理有关要素融入社会实践和第二课堂活动过程中，潜移默化地培养学生的生涯规划意识和能力。

4. 重视高等院校生涯管理的理论研究

近几年来，国内高等院校为了适应社会对高等教育人才培养的需要，推动高等院校毕业生就业制度改革，纷纷开始了校园生涯管理的探索。但各高等院校的职业指导工作无论是实践层面还是理论层面，多数是对国外一些经验的复制和套用，还没有真正从个体全面发展的角度开展大学生涯管理，还需要系统开展职业规划辅导和生涯发展管理研究，需要开展高等院校生涯管理模式、职业心理测试量、就业评价体系等理论层面的探索，建立本土化的生涯发展理论体系。只有开展扎实的理论研究才能为高等院校生涯管理实践提供依据并指明方向。

(五)树立科学的生命意识教育观

生命意识是人对自己和他人的生命存在价值的一种认知与感悟。具有良好生命意识的人,热爱生命、珍惜生命,善待自己和他人生命,对生命及生命关系有一个良好认知,能正确认识、理解、把握自己的生命价值,形成个体完善的人格品质。高等院校生命意识教育的目的就在于使大学生树立良好的生命道德品质,使其能够正确认识和把握自我生命与人类生命同自然环境的关系,促进各种关系和谐融洽,使得自己在追求生命价值最大化的基础上生活得更有意义,更有利于个体全面和谐发展。因此,高等院校生命意识教育的核心内容应该是积极培育大学生的生命道德。

人的社会属性决定了其在正常生活中时时刻刻都要与自己、他人、社会环境发生各种各样的关系。在这些互动关系中,每一个人都承担着对自己、对他人和对社会的各种责任。在这些责任当中,个体对自己、对他人及对人类生命的责任是最基本、最重要的,也是生命道德的基本要求。对生命的责任意识是生命道德的基本内容,生命道德是调整人与自己生命、他人生命、人类生命以及终极理想之间关系的道德。生命道德源对于人对生命的关注,是人们对待生命的德行品质,是调节人们有关生命行为的特殊规范的总和。生命道德的意义在于追求生命神圣、生命质量和生命社会价值的和谐统一,是指导个人处理与自己生命、与他人生命、与人类生命以及与精神生命之间关系的行为规范。生命道德是人的生命关系的应然,心理健康是人的关系世界的实然反映,回归到人的生活世界,两者在本质上具有统一性,都是为了追求人与自我、人与自然、人与社会以及人与精神信仰的和谐关系。这种"关系性"上的统一性,使得生命道德成了影响大学生心理健康的重要因素。积极的生命价值观能够引导大学生在面对生活中的困难时摆脱消极心理状态,积极的生命道德行为有助于大学生获得积极情绪体验、社会支持和成就感,良好的生命道德品质有利于解决大学生成长中的发展问题,生命意义感能提升大学生的自我价值感和主观幸福感。因此,积极培育大学生的生命道德能够促进大学生心理健康的培育和提升。

第二节 创新大学生教育管理方法

面对当代大学生心理健康现状及其存在的心理问题,高等院校应从实际出发,探索有利于当代大学生心理健康发展的教育管理新方法。创新大学生教育方法要坚持意识形态引导与行为管理相结合、整体性推进与关注差异性相结合、理论研究与实践创新相结合。

一、突出生命价值取向的建构

生命价值取向是一个人确立其与自我生命、他人生命以及自然界生命关系的基础，这些关系直接影响着人的性格特征的形成、人际关系的构建以及价值观的确立等，是个体意识形态中对其心理活动和行为表现具有根本影响作用的因素。因此，高等院校在大学生教育管理中更应突出对大学生生命价值取向的构建，以此助推其心理健康发展。

（一）培养正确的生命意识

部分大学生之所以对来自自身的影响因素敏感性不高，主要是他们获得了家庭和社会的过多关注和关爱。个体缺乏对生命关系和生命价值的真正思考，缺少来自内部的自觉意识。生命意识是人对生命存在和生命价值的认知与感悟，是人在对生命存在的认识和理解的基础上，通过实践活动追求生命关系和谐、生命社会价值延续的自觉意识。大学生具备正确的生命意识，更有利于清晰定位人生目标，明确生涯发展目标，进而在实现生命社会价值的过程中，实现自身全面发展。因此，高等院校要强化大学生的生命意识教育，培养他们正确的生命意识，具体应从四个方面把握：

第一，引导大学生树立珍惜一切生命的意识。

生命是宝贵的，是个体存在的基础和条件，个体生命的存在也是人类创造和实现一切的先决条件，因此，生命意识教育的基础在于关爱、珍惜生命的教育。同时，人的本质不是单个人所固有的抽象物。在其现实性上，它是一切社会关系的总和。珍爱生命不仅是个体生存的需要与权利，更是一种责任与共同生活的基本法则，珍爱生命就是不仅要珍惜自我生命，更要关爱他人生命。无视他人生命的人也不可能对自己生命的存在和价值有正确的理解，更不可能有崇高的人格品质。珍爱生命的教育，应当是自我与他人、权利与责任相统一的教育。"出入相友，守望相助，疾病相扶持，则百姓亲睦。"这既是我们中国人追求的道德理想，也是建设社会主义和谐社会的目标之一。人与人之间只有互相关爱、互相尊重，才能真正尊重和珍惜生命，尊重他人选择生存方式的自由。教育学生珍爱生命，就是要教会学生认识生命的珍贵，珍惜自我和他人生命的存在，就是要培养学生的生命责任感和对生命的感恩之情，学会关爱，学会宽容，学会共同生活，懂得用爱心去回报关爱。

第二，培养大学生对生命的责任意识。

人的社会性的本质决定了人在正常生活中，必须与自己、他人、社会发生各种关系，任何人都必须向自己、他人和社会承担起自己在社会中的责任。其中，对自己、他人及他类生命的责任是最基本、最重要的，这也是道德的基本要求。对生命的责任意识是生命道德的基本内容，也是一个人社会责任意识的基础和根本。大学生生命道德中责任意识缺失现象是受到多方面因素影响而形成的，其中最重要的是两方面原因。一是学校教育的失误和缺失。大学生生命道德教育一直受到传统道德教育思维方式的影响，内容过于理想化，目标脱离个人的需要和利益，其教育过程互动不够，形式化明显，没有形成完整体系，实效性较差。二是社会环境的消极影响。在当前社会上一些错误认识和不良影响不可避免地会对人们的思维方式、意识观念、行为活动等造成冲击，自私自利、损人利己、金钱至上等现象依然存在，以人为本、尊重生命、追求生命意义、提升生命价值的良好社会氛围尚有待加强。

第三，引导学生积极探索生命的意义与价值。

人的生命是有价值的，价值是人存在的基础和依据，对人生意义的追求、对生命社会价值的追求是生命价值的最高体现。生命教育应该引导大学生从外在化、功利化、世俗化的目的中解放出来，积极探索生命的意义，努力提升生命价值。生命的意义不仅是指个体生命的意义，也指人对人类在宇宙中位置的思考，以及对人类"类生命"本质的思索，两者是相统一的。因此，探索生命意义、提升生命价值的教育应包括以下三方面：一是创造生命价值的教育。人的生命就是意义生命，人是一种价值实体。意义不是客观存在的，它是经过人主观努力创造的。二是体验生命价值教育。大学生注重自我实现，应积极引导学生认识到自我实现是一个过程，其中那些微小的进步未必会带来权力、金钱、地位等外在价值决定性的改变，但都会给个体带来生命的高峰体验，从而使个体对生命价值的认知发生良好转变，对生命的价值和意义有所领悟。三是引导学生把生命个体价值与社会价值统一起来，体现生命价值的最高形式。人是一切社会关系的总和，是地球村中的一员，将大学生的生命视野引向整个社会、整个人类和宇宙，将生命个体与社会、与他人、与自然结合起来，才是生命价值的最高体现。

第四，引导学生建立科学合理的生涯发展目标。

生命的意义体现在为自己明确的人生目标不懈奋斗的过程当中，平时那些生活态度积极、获得较大价值感和成就感的大学生，是有明确的目标并不断向目标迈进的人。生命意识教育内容之一，就是引导学生确立一个正确的人生目标，并鼓励他们为之努力奋斗，在有价值感的活动中体验生命的意义，实现生命的价值。大学生的人生目标既与社会需求相统一，也与个人兴趣、爱好和追求相一致，既有长远、持久的目标，也有短期的实施计划，既包括人生规划，也包括人格完善，是一个身心和谐、持续发展、志存高远的目标。

（二）创新生命道德教育

高等院校生命道德教育在传统道德教育思维方式的长期影响下，教育内容过于理想化、抽象化，教育目标脱离个人客观实际需要和利益，教育过程呆板僵化，互动不够，没有形成完整体系，实效性较差。创新大学生生命道德培养路径应注意把握三个方面内容：

第一，加强对"个体"的关注。

生命道德教育是重视个体本身的道德教育，需要构建整体性德育体系并调动学生的主体意识和个体意识。传统的道德教育注重弘扬社会或集体的利益，"忘我""无私"的思想受到推崇，其中"忘我"的道德教育更多考虑的是为"他人"的，对个体道德的自主性、生命价值的尊严、自我利益的正当性等没有给予更多关注和应有重视。在现实世界，人既是一个实体，更是一种关系存在，每一个人都存在于与他人的关系之中，他人的存在是每一个人存在的条件，个人的发展只有在与他人的关系中才能实现。每个人为了自己，必然要做一些与利益相关的事情，这些人当然是在自己所属群体中生活的人，包括自己家人、同学、同事等。此时个人的"私"实际上已经不是单纯的"自私"，作为个体的"我"也不再是狭义的"小我"，而是广义的包含其他人利益的"大我"，这种"大我"与单纯"小我"之间直接相关，而不是割裂的、空洞的、排异的。因此，高等院校开展生命道德培育不能只注重为他人、为人类奉献的教育，更应该关注"个体"，个体生命价值、利益在生命道德教育中应同样受到重视。

第二，开展生命叙事活动。

所谓生命叙事活动就是指表达自己生命故事的活动。生命故事是指个体在生命存在与成长过程中逐渐形成的对生命的感受、经验、体验和追求，它既包括个体自己的生命经历、生活经验、生命追求，也包括个体对他人生命存在的感受、经验、体验和追求的感悟。生命叙事过程会直接触及个体或个体对他人生命的生活经历、情绪感受、情感表达、生命经验等的认知，并再现这些生命经验，触发生命体验，感悟生命意义，进而有助于大学生对自己生命情绪、情感认知的调节，有助于大学生生命责任感的形成，也有助于大学生正确处理与自己生命的关系。生命故事本身就凝结着个人对自己或对他人人生重要经历的理解和经验，生命叙事过程就是将其再次间接呈现出来，在他人讲述的过程中不仅会使自己获得对生命道德关系的新感悟，也会使自己获得一种内在的对自己和他人生命价值与意义的责任感。大学生讲述自己生命故事的过程也是自己对事物、对他人、对自己再认识的过程，从而引领着自己生命成长的方向。

第三，加强生态道德教育。

自然环境是各类生命赖以生存的基础，珍惜生态、保护环境是人类发展和进步的需要，高等院校应从三个方面加强大学生生态道德教育。一是要树立崇尚自然、热爱生态的道德情操。随着人们物质生活水平不断提升，追求原生态的自然美已逐步成为人们的审美追求和社会时尚，回归自然、返璞归真是当前人们价值追求的新特点。因此，高等院校应该以此为契机把大学生的审美情趣引导到尊重自然、珍惜生态、保护环境等方面来，并使之形成一种校园氛围、校园时尚，内化为大学精神的核心内容，从而带动每个大学生都养成一种符合生态文明要求的高尚情操。二是要唤起大学生关爱生命、善待生命的道德良知。高等院校应该从自然生态伦理视角出发，引导大学生正确认识自然界一切生命存在的客观必然性，在维持人类一定生存质量的同时，敬畏生命，自觉保护身边生命体的基本生存权，维护自然生物链条的完整与和谐。三是要培育大学生崇尚勤俭节约的传统美德。在我国现实的国情条件下，盲目追求高消费会给有限的自然资源造成极大的浪费，每一位大学生都应以节俭和适度消费为荣，树立这一美德对于社会经济发展和生态环境保护都有着重要的现实意义。

二、凸显大爱精神对校园文化的引领

高等院校的大爱精神是高等院校广大师生在生活中表现出来的对自己、对他人、对国家和民族前途与命运的自觉关注、高度负责和无私奉献的精神，是高等院校文化的核心、本质内涵，是指导高等院校各种办学活动的核心精神，是大学生成长的动力和发展的精神源泉，是大学生感受人间大爱、提升领悟社会支持的巨大财富，是大学生培养积极人格品质的最好资源。

（一）在课堂教学中培养大爱精神

课堂是高等院校践行大爱精神的主要阵地之一。在课堂教学中，教师不仅要重视科学文化知识的传授，更要把爱国家、爱民族、爱他人、爱自己、无私奉献、勇于担当的精神和意识融入课堂教学全过程，把大爱精神的精髓与教师的人格魅力和科学知识的吸引力有机结合，潜移默化地影响学生，让每一个学生真正认同大爱的精髓，领会大爱的真谛。

（二）在学术活动中培养大爱精神

学术活动是更高层次的实践活动。在大学校园，科学研究工作有着自己特殊的规律，求真、务实、创新是开展科学研究活动的基本要求。在科学研究中形成的追求真理、宽广包容的精神就属于尊重真理、热爱科学的大爱精神，这种大爱精神会深深感染那些参与科研学术活动的人，潜移默化地培育着每一个参与者的大爱意识。因此，在学术活动中培育大爱精神，就是要遵循科学研究发展的规律，崇尚严谨、求真、务实、创新的学术精神，就要关爱从事科学研究活动的群体，为从事科学研究活动的人创造宽广、包容的学术环境。在科学研究工作中展现出来的追求真理、宽广包容的精神既是爱真理、爱科学、爱师生的高等院校大爱精神在学术研究中的体现，也是高等院校学术创新活动得以顺利开展的必备要素，对培养大学生创新能力和创新精神有重要作用。

（三）将大爱精神融入制度文化建设

高等院校应把大爱的理念融入校园制度建设之中，积极推动"人性化"的管理模式，通过引导师生广泛参与民主管理来推进学校管理科学化。将大爱精神融入校园制度文化建设当中，就是把大爱精神与校园各项规章制度有机结合起来，使制度中饱含着学校对教师和学生的关爱与尊重，通过制度的人性化功能调节人与人之间的利益，规范每个人的行为，通过制度强化学生自我教育、自我管理的意识，促使师生主动将个人成就、切身利益与学校的发展紧密联系在一起，从而形成师生与学校互信互爱的氛围。

（四）将大爱精神融入高等院校教师行为文化建设

当前，高等院校行为文化建设的重点应该放在规范教师的行为上来，切实开展师德师风建设。2014年10月，教育部《关于建立健全高校师德建设长效机制的意见》提出，高等院校要积极引导广大教师做党和人民满意的、放心的合格教师，做有社会主义理想信念、高尚道德情操、学识渊博和仁爱之心的好教师，要进一步加强和改进教师的思想道德建设，培养和造就一支思想品德高尚、业务技术精湛、充满生机活力的高素质教师队伍，这对高等院校师资队伍建设提出了新的更高要求。因此，高等院校在贯彻该意见时，应着力塑造教师严谨、努力、乐于奉献的行为品质，让大爱精神体现在每一位高等院校教师的举手投足之间，使每一位教师都能成为为人师表的榜样，成为学生敬佩的力量，默默地感染和熏陶着自己的学生，为他们的思想和行为带来积极影响。

（五）将大爱精神融入高等院校环境文化建设

高品位的环境文化不但能够加深广大师生对人生美好事物的感悟，对环境中"美"和

"爱"的理解与认同，而且还有助于促进大爱精神在校园的传承与发展。因此，高等院校在进行校园硬件建设中，要将大爱的元素和自身办学特色体现其中，用校园环境特有的感染力激发师生的爱校热情，陶冶师生爱自然、爱学校、爱他人、爱科学的良好情操。例如，有的高等院校在图书馆内饰设计上，刻凿具有隐喻科技发展促进人类进步的浅浮雕；有的高等院校将大门设计成仿古风格，不仅表现出了浓郁的民族特色，而且还完美地继承了民族的、学校的良好历史文化传统。这些都是校园建设中融入大爱精神元素的生动体现。

三、注重理论研究对教育管理创新的推动

针对大学生心理问题现状存在的问题，高等院校应重点开展积极心理教育研究和生涯管理理论研究工作，促进高等院校心理教育和生涯管理工作水平进一步提升。

（一）开展积极心理教育研究

近年来，我国部分学者将积极心理学理论扩展、整合至高等院校思想政治教育、心理健康教育等实践性较强的领域，开拓了高等院校积极心理教育的理论研究和实践探索。例如，有学者探讨了积极心理学在大学生思想政治教育中的整合、借鉴与应用；有学者分析了积极心理学与高等院校心理健康教育相结合的必要性，提出了两者相结合的具体设想与方法。

然而，当前高等院校积极心理教育中针对大学生心理问题的理论研究和实践探索方面都比较薄弱，还有许多有待进一步完善和解决的问题以及需要探索和弥补的空缺。一是高等教育领域尚未形成一套成熟的、可以指导高等院校积极心理教育的理论体系，高等院校关于积极心理教育还没有建立一套行之有效的操作模式，研究方法和研究技术亟待整合与发展，研究的内容和领域有待拓展和深化。二是建立在中国文化背景下的本土化研究还有待加强。因此，我国高等院校的积极心理教育研究还任重道远，建立完整有效的理论框架，拓宽研究领域，创立和发展新的研究技术，与传统心理教育协调发展以及积极心理教育在高等教育领域的本土化研究等都将是高等院校积极心理教育研究面临的紧迫任务。

（二）加快大学生生涯理论和生涯辅导技术本土化创新

目前，我国开展大学生生涯辅导主要依据的是国外生涯发展理论和生涯辅导技术，国外的生涯辅导理论和辅导技术为我国高等院校开展生涯辅导工作提供了有益的启示与借鉴。然而，如何将国外的理论和技术更好地应用于中国高等院校的生涯管理，并在其基础

之上研究开发中国本土化的生涯发展理论和技术，是高等院校生涯发展理论和技术应用研究的重要内容。

国外理论应用要实现中外价值取向的有机结合。由于受到历史、传统文化等因素的影响，中外价值取向的差异深深地影响着人们的思维方式和心理行为。从价值取向上来看，一些国家个人的价值和意义被放在首要位置，即个人主义倾向占主导，而在中国传统文化里，集体的价值和意义被放在首要位置，提倡个人服从集体，集体主义始终是价值观念的核心。在高等院校生涯管理工作中一味强调集体和整体，忽视个体的成长发展需要，忽视个体个性的适度发展，就会压制学生的主动性和创新意识，高等院校生涯管理的实际效果将大打折扣，也背离当前高等教育改革方向。但是完全引进国外的理论体系，就会造成水土不服，引发学生价值观的混乱，使这些理论难以在实际中得到应用和发挥，背离人才培养目标和方向。因此，在国外生涯发展理论和技术的应用中实现中外价值取向的有机结合，是当前生涯发展理论和技术本土化研究的主要方向。

开发本土化大学生职业生涯测评系统。科学、客观的自我评估是实施有效职业生涯规划的前提和基础，本土化的专业职业测评更适合中国人的文化和心理特点，有利于大学生更加科学、客观地认识自己。开发本土化、专业化的职业测评系统主要有两项工作：一是要培训和配备专业的人员，以保证测评过程的规范性和结果分析的科学性。二是开发科学的、完善的测评工具，保证测评结果的真实性和可信度。本土化职业生涯测评工具的开发是本土化大学生职业生涯测评系统建设的重点和难点，需要结合我国大学生自身心理特点和我国社会职业环境特征，同时注重实践性、专业性和经济性相结合。

第三节　拓展大学生教育管理途径

面对大学生心理健康发展的要求，高等院校应该进一步拓展大学生教育管理途径，从培养大学生积极心理品质、培养大学生生涯规划能力以及构建来自家庭和同龄人的人际支持机制等方面，为大学生心理健康发展创设良好条件。

一、开展积极心理教育

当前我国多数高等院校心理教育的重点放在了普及心理健康知识、解决学生心理问题和预防学生心理危机发生方面，心理辅导和咨询工作也把消除部分学生的心理障碍和预防心理问题发生提升到主要地位，忽视了心理教育开发人的潜能和培养个体积极心理品质的重要任务，关注的对象仅是少数有心理问题的人。高等院校应该大力开展积极心理教育，促进大学生积极心理品质的培养和潜能的开发。

（一）构建积极心理教育课程体系

高等院校心理教育课程应以积极心理学为指导，在课程目标、课程内容、教学方法、教学效果评价等方面进行改革。

课程目标应突出个体发展性。心理教育课程目标应由重点解决部分学生面临的问题，走向关注全体学生积极人格的发展。根据积极心理学理论，心理教育的对象是全体学生，课程目标设定应包含心理问题预防、不良心理行为矫正和积极人格品质培育，重点是突出心理教育的发展性功能，要强调如何进一步优化学生心理品质和进一步开发心理潜能，培养学生的积极心理品质、积极情绪体验、积极自我概念、创造性思维品质等，具体包括培养和提升创造性、洞察力、积极情绪、情绪控制能力等各种智力潜能和非智力潜能。

课程内容应与个体发展需求相结合。当前高等院校心理教育课程内容多以大学生常见的心理问题与疾病预防为出发点，以心理问题的症状、成因以及相应的预防和调适技巧为主，具体讲授心理学基本知识、个体心理活动规律、心理问题产生的原因及应对措施等，课程学科化、知识化倾向严重，与学生的实际需求和关注点差距较大，特别是与学生心理健康发展需求相距甚远。积极心理学视野下的心理教育应紧密与学生全面自由发展需求相结合，与学生的积极人格养成相结合，将心理学理论与生活实际相衔接，培育和开发大学生个体和群体的积极品质，最终达到促进大学生个体和群体心理优势形成和提升的目的。我国学者孟万金等人在综合考虑时间因素（过去的、现在的、未来的）、行为类型（生活的、学习的、工作的、社交的）、关系指向（对人的、对事的、对己的）基础上，将十四项内容优先列为学校积极心理教育的核心内容，其中包括增进主观幸福感，提高生活满意度，开发心理潜能，发挥智能优势，改善学习能力，提升自我效能，增加沉浸体验，培养创新能力，优化情绪智力，和谐人际关系，学会积极应对，充满乐观希望，树立自尊自信，完善积极人格。

教学方法应多样化。积极心理学非常重视体验在教育中的作用，认为积极人格形成的最佳途径就是让受教育者在教育和生活中体验积极的情绪情感、认知感悟等心理活动。因此，高等院校心理教育课程中要增加各种体验环节，引领学生体验过去的、现在的积极情绪情感和认知感悟等，领悟未来的美好设计和憧憬，通过体验与领悟过程来培养和提升学生内在的积极力量，激发学生的积极性和创造性，进而促进学生积极人格特质的形成和发展。高等院校心理教育课程应注重理论与实际相联系，强调集知识、体验和训练为一体的教学方法，在教学中要注重将知识讲授、行为训练、心理体验等过程有机结合，根据教学内容灵活采用知识讲授、团体训练、案例分析、生命叙事、心理情景剧、团体辅导等教学形式，丰富学生内心体验过程，让学生在体验中学习、感悟，使其掌握心理调适与激发潜能的技能。除课堂教学外，高等院校还应该将心理教育拓展到日常生活中，生活中对积极事件的体验与感悟，更能增加学生的积极情感认知和沉浸体验效果，更有利于学生积极心理品质的形成与发展。

教学效果评价应多元化。人的心理品质是一个内隐的、抽象的、个性的概念，无法用具体标准来衡量。同样，心理教育课程的教学效果也具有内隐性、抽象性、个别性特征，很难用一个具体的、统一的评估体系进行效果评价。因此，积极心理教育课程效果评价应坚持注重发展性和过程性，采用多元、动态的评估方式。评估内容要包括基本知识理解掌握情况、学生积极心理品质形成和发展情况以及实际解决问题的能力提升情况。教学效果评价要突出强调课程效果对受教育者整体性发展的促进情况，重视评价的动态性、情境性，最终实现通过评价能够全面、客观地反映学生积极心理品质提升情况和心理潜能开发或激发情况等。

（二）开展发展性心理辅导

考虑到大学生心理健康发展需求和影响因素，高等院校的心理辅导也应该改变目前以障碍性心理辅导和适应性心理辅导为主的模式，重点开展发展性心理辅导。发展性心理辅导是指根据个体心理发展的一般规律和特点，结合个体的个性心理特征，帮助和支持个体尽可能圆满完成各自的心理成长历程，使个体能够更好地认识自我、接纳自我、调节自我，完善积极人格品质，开发自身潜能。发展性心理辅导的主要任务是对个体的自我意识、情绪调适、意志品质、人际交往与沟通以及群体协作技能进行辅导，培养良好个性心理品质，提升社会适应能力。

在大学生个体的成长发展过程中，其积极人格特质的形成与发展主要是通过内部和外部因素对其所具有的各种现实能力和潜在能力的激发和强化来实现的。当大学生本身具有的某种现实能力或潜在能力在学习和生活过程中不断被激发和强化，逐渐成为一种日常行为习惯时，由这些能力和潜能构成的积极人格特质也就形成或者得到了发展。因此，高等院校心理辅导应在积极人格理论的引导下，结合每个被辅导学生的实际情况，激发和强化学生的某些现实能力和潜在能力，或者帮助和支持学生自我激发和强化某些现实能力和潜在能力，以达到促进其某些积极心理品质形成和发展的目的。在心理辅导中引导学生进行积极情绪和情感体验是帮助和支持学生自我激发和强化的主要途径。

二、加强高等院校生涯管理工作

大学生心理健康与大学生生涯规划能力有着密切关系，二者互相影响、互相促进。高等院校生涯管理工作还须进一步加强，大学生的生涯规划能力还有待进一步提升。面对大学生心理健康发展的需要，高等院校生涯管理工作不仅要确立正确的工作指导思想和原则，而且还要创新和拓展生涯管理的途径。

（一）确立正确的工作指导思想

纵观当代社会人力资源需求趋向，高等院校生涯管理的实质就是对学生能力的培养和训练，主要任务和核心目标是培养和提升大学生的生涯规划能力。强化高等院校生涯管理工作，要积极吸取中国传统文化精髓，充分体现了马克思主义关于人的全面发展的观点，树立全程化、全方位开展生涯管理的思想。因此，构建高等院校生涯管理体系要坚持四个原则。

坚持学习借鉴国外先进理念与吸取我国传统文化中的朴素思想相结合的原则。国外生涯发展理论引入我国已有多年，学者们在本土化研究方面确实取得了一些成绩，但是面对当前经济结构调整的特殊时期和大学生就业的复杂形势，已经取得的成果在解决大学生生涯发展问题中的效果不尽如人意，如何建立中国的生涯管理教育体系再次引起人们的深思。因此，只有将学习借鉴国外先进理念与吸取我国传统文化中的朴素思想相结合，才能构建本土化的高等院校生涯管理理论，开展适合中国大学生的生涯管理工作，主要体现在五个方面：一是德为才之先，在生涯规划与管理上，大学生的成"人"首先是道德品质成人，精神信仰成人。二是在大学生个人生涯规划中要体现出人与环境和谐统一的思想。三是引导学生在生涯规划过程中坚持把个体价值的实现与社会价值的实现相结合。四是引导学生辩证地看待失利，使其认识到人生不能总想试图站在最高峰，要知退让，懂权变。五是将生涯管理与人生观和价值观教育结合起来，发挥传统教育作用。

坚持社会需要与个人发展相统一的原则。高等教育具有社会服务功能与个体发展功能，应把满足社会的需要与满足个体发展的需要有机结合起来。社会服务功能主要包括服务和服从于国家社会主义建设中经济发展的需要、民主政治建设的需要和文化发展的需要等，个体发展功能主要包括个人成长的需要、个人职业发展的需要等。高等教育具有的这些功能是客观存在的，但人们对其价值的判断则会因为客观条件和主观认识的不同而存在差异，例如，一些高等院校曾经一度将生涯管理简单理解为"辅导学生如何找一份理想工作""教育学生如何为社会服务"等，导致学校生涯管理工作功利主义思想泛滥，忽视受教育者个性化发展。我们要从过去的错误中吸取教训，在生涯管理中引导学生将个体发展与国家和社会发展的需求相结合，既要关照个体个性化发展，又要发挥社会主流价值观在生涯管理中的导向作用，要避免学生过度关注当下利益。在高等院校生涯管理活动中只有把社会需要与个人发展相统一，实现组织与个人双赢，才能保证生涯教育效果。

坚持全程与阶段、全面与重点相结合的原则。高等院校生涯管理的内容十分广泛，其关注的是大学生在校期间和毕业以后个人所拥有的所有职位和角色。因此，高等院校生涯管理是贯穿大学生培养教育全过程的系统辅导体系，必须从其成长发展的客观规律出发，根据其不同阶段心理活动特征和生涯发展特点，制定出相应的辅导目标，开展相应的辅导工作，循循善诱、循序渐进地引导和帮助大学生管理和规划自己的大学生涯。在高等院校生涯管理工作中高等院校既要制定针对每个群体的全程辅导目标，又要设计他们在校期间每个阶段的目标；既要广泛开展涉及生涯发展各方面的生涯辅导，又要针对不同阶段的需要开展重点辅导。高等院校只有坚持全程与阶段、全面与重点结合的原则开展工作才能够真正实现生涯管理目标。

坚持整体辅导与个别指导相结合的原则。大学生生涯发展既有群体共性问题也存在个体个性差异，因此，高等院校生涯管理既要有针对共性问题的辅导，又要有针对群体或个体差异的分类别或个别的指导。在具体实施过程中，对于大学生群体普遍存在的生涯发展问题适宜整体辅导，如采取课堂讲授、专题讲座、主题班会等形式；对于大学生个体具体生涯发展问题，除进行集体辅导外，还应注重个体辅导工作，尊重个体差异。个别辅导应该做到具体分析个体的个性特点，有针对性地进行研究和辅导，指导学生发展显能，开发潜能，引导学生发现自己的最佳发展领域，使每一个学生都能在这些领域得到最优发展。

（二）拓展高等院校生涯管理实施的途径

生涯管理实施途径和工作方式过于单一是造成当前我国高等院校生涯教育成效甚微的主要原因之一。因此，高等院校需要通过建立生涯发展课程体系、校园文化建设、专门指导和咨询服务、开发校友资源等多种途径开展生涯教育，发挥综合作用，以达到最佳效果。

1. 生涯发展规划指导课程

开设大学生生涯发展规划指导课程的目的是指导大学生学习生涯规划知识与技能，引导大学生明确自身未来生涯发展方向，帮助大学生设计与规划人生发展道路。当前我国大学生生涯发展规划指导课程的主要任务有五个方面：

第一，正确认识自我的教育。高等院校生涯发展规划指导课程主要介绍自我探索的理论与方法，引导学生深入了解自己的能力及能力倾向、兴趣、个性特点等情况，客观分析、认知自身人生价值取向、职业价值观、生涯发展方向等。学生自我认知与学校、教师、同学等的外在评价相结合的方式，可以帮助大学生客观、全面地认识自己。学生开展生涯探索的基础来自其对自我状况和个人价值观的深入了解，因此，自我认知教育是生涯发展规划指导课程的基础内容。

第二，生涯规划意识培养和生涯规划知识教育。大学生是生涯规划的主体，其生涯规划意识是他们进行生涯规划的前提，只有充分调动其内在规划需要才有可能会产生自我规划的动机。因此，高等院校生涯管理的首要任务是培养大学生的生涯规划意识。生涯规划知识教育主要是让学生了解生涯规划的基本理论、知识，了解各种职业的基本特征和发展趋势，使学生掌握生涯规划内涵、特性、遵循原则和影响因素，掌握开展生涯规划的基本步骤与方法，为探索科学的生涯发展途径奠定理论基础。

第三，生涯抉择能力的培养。大学生生涯抉择能力在整个大学生生涯规划中起到承上启下的作用，是高等院校生涯发展规划指导课程关注的重要内容。生涯发展规划指导课程要指导学生了解生活中各种可能面临的选择，面对决策情境能收集、运用已有资料，权衡各种选择之间的利弊进行生涯抉择，包括职业类别、生涯路线、目标、行动措施等抉择。

第四，职业环境的认知教育及职业素质与适应力的培养。生涯发展规划指导课程要引导和帮助大学生尽可能全面、深入地了解当前的社会环境与职业世界，使其熟悉所学专业涉及职业的发展环境，尤其是未来该职业胜任能力的要求、组织发展战略以及经济、政治、文化环境等，使其在知己知彼的基础上，增强规划的针对性和有效性。生涯发展规划指导课程还要进行职业劳动素质、职业道德、身心素质等职业素质的培养，引导大学生既志存高远又夯实基础，具备良好的职业适应能力。

第五，培养大学生开发自身潜能的能力。开发潜能意识的教育与培训是高等院校生涯发展规划指导课程的重要内容。有心理学家指出，多数人一生只有4%的能力发挥出来，剩余96%的能力还未开发。因此，在生涯发展规划指导课程讲授中教师要给予每个学生充分展示的机会，通过施展才能，使其认识到他自身具有的巨大潜能。这种潜能会存在于各种活动中，潜能的开发对人的成功具有很大作用，在一定程度上决定着生涯目标的实现。同时，教师还要培养学生在生涯发展过程中发现并发掘个人潜能的能力，使学生能够自觉开发自身潜能。

2. 校园文化活动

高等院校校园文化活动的内容十分广泛，它通过内容丰富、形式各样的活动对大学生价值观念、道德情操、思想内涵和行为模式的形成与发展发挥着重要的影响。因此，开展丰富多彩的校园文化活动，是高等院校实施生涯辅导和影响的重要途径。就生涯管理来看，开展校园文化活动的形式主要有班会活动、社团活动、社会实践活动等。

第一，班会活动。班会活动是大学校园文化活动的基本方式，也是大学生自我教育的重要阵地，它不仅具有教育功能，而且还具有娱乐等功能。班会活动是大学生创新活动的乐园，主要包括模拟表演、分组竞赛、相互咨询、专题报告、节日纪念、现场体验、经验交流、专题辩论、实话实说、总结归纳等形式，它能够吸引广大学生积极参与，调动学生的积极性和创新性。例如，体验式情境培训已经成为班级生涯指导的一种创新形式，受到大学生的欢迎。体验式情境培训是近年来一些高等院校主题班会开展生涯指导的创新形式，是大学生通过设计职业生涯活动模型和模拟职业活动获得新的知识、工作技能、工作态度的方法。教育心理学相关研究表明，体验式情境培训给学生带来的知识掌握程度要远远超过传统意义上的教学活动。体验式情境培训包括情景活动、角色扮演等方面，让学生能通过亲身体验在较短时间内获得最多的经验。

第二，社团活动。学生社团是自发的有特定活动内容的学生组织，它们自我管理、自我服务，受学校团组织的统一监管。高等院校社团活动是参与人数最多、活动范围最广、内容最丰富的学生校园活动，有效地活跃了大学生活，深受广大学生的青睐，已成为大学生展示自己才华的重要载体和校园文化的主力军。高等院校应将生涯辅导的有关因素有机融入学生社团活动，通过营造生涯发展氛围，发挥社团活动在大学生生涯教育中的载体作用。社团活动对大学生的全面发展有多方面的意义，综合来看主要有三点：其一，学生可在社团学到人际关系技巧与领导技巧，并能够有机会展露自己的才能，这些有助于其日后的职业生涯发展；其二，参与各种活动与人际交往有助于学生了解自己、确立志向、实现自我发展；其三，参与各种有趣的活动可使学生得到情绪的释放与满足。通过社团活动这种无压力的形式来进行生涯教育，这无疑会让学生感觉更为从容自如。研究表明，参与社团时投入越多、贡献越大者，其学习和成长收获越丰厚。因此，高等院校应鼓励大学生积极参加学生社团，以提升自身发展能力。

第三，社会实践活动。社会实践活动有利于培养和提高大学生实践能力和职业技能。大学生在社会实践活动中既磨炼了意志，锻炼了能力，了解了社会，同时又能对所学专业应用前景以及与理想职业匹配情况有一个感性认识，促进其积极构建与理想职业需求相符的能力结构、知识结构。在实践活动过程中，大学生既可以体验和感悟职业岗位需求变化对职业能力的影响，根据变化适时调整职业生涯发展计划和职业生涯目标，还能够了解当下人才市场对基本职业能力和基本职业素质的要求，明确努力方向，增强行业关注度和敏感度。因此，要充分利用各种资源搭建实践锻炼平台，为大学生创造更多接触社会、了解社会、锻炼能力的机会，如开展大学生志愿者活动、"三下乡"活动、社区咨询服务活动等有明确目标的社会服务性实践活动。

3. 开展生涯规划咨询

高等院校生涯咨询是高等院校为了满足大学生生涯发展需要组织开展的一种由专业人员参与的咨询指导服务，目的是帮助学生提高自我认知能力和自助能力，指导学生求职，帮助学生做出生涯决策，最终促进学生的职业成功与生涯发展。

第一，建立咨询室，开通咨询热线。建立生涯规划咨询室，开通生涯咨询热线，为学生提供生涯规划辅导服务是高等院校生涯管理的工作形式之一。高等院校的生涯规划咨询应包含生涯发展咨询和心理咨询，由经验丰富的专业咨询人员从事这项工作。生涯发展咨询则以发展心理学、成功心理学、人力资源管理学为理论基础，开展生涯发展与规划的咨询服务。生涯发展咨询的形式主要有面对面个别咨询、团体咨询和电话咨询。

第二，建立生涯资料袋。通过为学生建立生涯资料袋，为其生涯规划和发展提供帮助与指导，是高等院校生涯管理工作的基本任务之一。其主要是利用人格测验、能力测验、职业兴趣测验等专业测量工具定期为大学生开展测量服务，帮助大学生进一步了解自己的职业兴趣、能力倾向、个性特征、社会态度等个性特点，并整理这些信息资料，建立个人生涯资料袋，为将来学生了解自己和指导教师研究指导学生做参考。高等院校一般在大一和大三分两次定期开展专业心理测试，第一次心理测验是为了了解学生的基本状况，第二次心理测验是为学生职业选择提供参考。学生在校期间，其生涯资料袋应不断丰富，高等院校应将学生参与职业辅导、参加职业活动以及能够反映个体职业心理发展特征的资料均保留下来，以便为将来帮助学生进行职业选择提供依据。

4.开发校友资源

校友是学校的一笔宝贵财富，他们不仅传承着学校的历史文化，更有着丰富的社会阅历、生涯发展经验和优秀的社会资源。邀请事业、学业有成的校友与学生交流，为同学们传授经验，能够发挥其榜样和示范作用，激发学生的探索欲望和创新意识，有利于引导学生积极主动借鉴校友的成功经验，科学合理规划职业定位，纠偏避误，扬长避短，可以更好地适应社会发展需求。

三、构建积极人际支持机制

从调查数据上看，在对大学生心理健康具有重要影响作用的十个因素中人际支持因素排在第一位，来自家庭的、同学的和知心朋友的信任、帮助、理解、关心等对于大学生心理健康的影响最为明显。因此，在大学生教育管理过程中积极构建来自家庭和同龄人的人际支持机制就显得非常重要。

（一）建立促进家庭支持的沟通机制

对大学生心理健康影响因素调查分析显示，"从家庭成员中得到理解、支持和帮助"这一项影响力得分最高，这说明来自家庭的影响和支持对大学生心理健康发展有着重要影响。许多学者的研究也表明，来自父母的理解与支持对于大学生人际信任、乐观品质、韧性品质、主观幸福感等都有显著影响。家庭是大学生十几年以来成长生活的地方，大学生与家庭成员有着深厚的感情和不可替代的信任感，大学生无论是经济上还是心理上都与家庭保持着密切联系，在大学生心理健康发展中家庭应该发挥其必不可少的作用。因此，高等院校积极促进学生家庭成员对大学生的理解和支持，也是大学生心理健康教育不可或缺的重要举措。

通过适当方式让家庭成员了解学校和学生。在信息技术发达的今天，距离已经不再成为沟通的障碍，学校可以通过学院网站专栏、QQ群、微信等方式，与学生家庭建立联系通道，定期把学生所在学院或专业的教学、科研、学生工作等进展情况，学生积极参与上述工作取得业绩情况以及学科发展情况和专业的社会需求情况传递给学生家庭，让家庭成员了解学生的学习生活状况，了解学生未来职业发展情况以及学生将会面临的各种挑战等，增强家庭成员对大学校园生活和未来发展的全面了解，促进家庭成员对学生的理解、关怀与支持。

定期开展不同形式的家长论坛。大学生来自五湖四海，学生家长的受教育程度、生活经历、认识问题的角度、子女教养方式等都存在着很大差别，他们对高等教育认识和了解程度差异很大，对大学生的成长与发展的关注程度和层次差异也很大，面对这样一种现状，学校与家庭之间如果只有单向的信息交流，收到的效果不会显著。学校还必须通过多种途径和多种形式与学生家庭成员进行交流互动，一方面调动家庭成员关注学校教育、关注学生成长的主动性。另一方面，深入了解学生与家庭成员的沟通联系状况，引导家庭成员给予大学生更多的理解、支持和帮助。具体途径和方式包括举行网上视频论坛、召开年度部分家长见面会，利用寒暑假进行家庭走访等。

开展针对家长的专项教育咨询服务。由于不同学生家庭成员的整体素质水平不同、经历不同、家庭情况不同，学生与家庭成员的沟通情况也不尽相同，得到家庭成员的理解、支持和帮助的程度也会不相同。学生遇到问题可以到学校的专门咨询机构来寻求帮助，但是，单项解决问题的效果会大打折扣。因此，学校要开展家长专项咨询服务，由专门的工作人员和辅导员或学生任课教师来参与服务，为那些与学生交流出现问题的家长提供帮助，帮助其与学生重建较好的沟通，达到互相理解的效果，使学生能够感受到来自家庭的温暖。

（二）引导学生群体开展互助活动

大学生群体年龄相仿、生理与心理发展特征相近，在学校朝夕相处，相互之间沟通和帮助便利，也更容易相互接受和理解。因此，引导学生开展互助活动，有利于大学生获得人际支持，增强自信心，促进自我接纳。同学之间的互助主要包括学习与生活方面的互助和心理互助。

指导学生组织开展面向广大学生的志愿服务。目前，高等院校学生群体中的学生组织（这里指正式组织）主要有党组织、团组织、学生会、班委会以及各种社团，这些学生组织在配合学校管理、丰富校园文化生活以及开展社会志愿服务方面发挥着积极作用。但是这些志愿服务的内容主要是对社会弱势群体的帮困活动，对本校内同学之间开展的志愿服务活动普遍关注较少。因此，学校应该积极引导校内的学生组织在同学之间开展志愿服务活动，同学之间的志愿服务活动有别于针对社会开展的志愿服务活动，体现为一种群体内的互助，主要包括四个方面：一是在生活适应方面的帮助，主要体现为对各种生活不适应同学的帮助。二是在学习方面的帮助，主要体现为对那些专业学习确实有困难学生的帮助。三是家庭生活方面的帮助，主要体现为对家庭有后顾之忧或者是经济困难学生的帮助。四是职业发展方面的帮助，主要体现为对那些自我规划能力不足、择业与就业困难学生的帮助。

组织开展学生心理互助活动。学校组织大学生开展心理互助活动主要可以通过"隐蔽式"心理互助和朋辈心理互助的方式开展。"隐蔽式"的心理互助活动主要是通过学生之间匿名沟通的方式,告诉别人自己在心理上存在的某些障碍,以获得大家共同帮助的方式。"隐蔽式"的心理互助活动可通过如下步骤来实现:第一步,学生以匿名的方式写下自己心理上的困惑和烦恼,由年级或者是班级几位同学进行收集和整理,这种方式可以消除学生对隐私泄露的担忧和顾虑。第二步,将收集整理的咨询信件以随机分发的方式再发给每一位参与者,这样每位参与者都可以收到一封他人的咨询信,根据咨询信上的困惑,通过自己的理解写下自己的建议。第三步,将同学们写好建议之后的信根据每位同学对应的代号反馈给每一位同学。第四步,对反馈回来的各种建议进行归纳总结,提炼出比较典型的案例,然后组织小组讨论这些案例,以提高每位参与者对这些问题的认识和把握。朋辈心理互助是指同龄人之间进行的心理辅导。具体做法是:学校面向学生群体招募朋辈辅导员,学生自愿报名参加,对招募进来的符合基本要求的志愿者进行系统专业培训,经考核合格后,这些志愿者根据自己所掌握的专业知识为需要帮助的学生提供一些专业性的建议或指导,使受助者开阔思维、缓解压力,助力其摆脱心理困境。

第四节 提升高等院校教育管理主体素质

在大学生教育管理过程中,教育主体主要体现为高等院校辅导员和高等院校任课教师,两者是教育主体中与大学生关系最密切、影响力最大的两个群体。调查结果显示,教育管理主体素质和教师的人格魅力都是影响大学生心理健康的重要因素。

一、提升教育管理主体队伍整体素质

一名优秀的教育管理工作者不仅是学生思想上的领航者、学习上的导师、品德行为上的典范,更应是学生生活中可信赖的知心朋友,因此,教育管理主体队伍整体素质对大学生的成长发展有着极其重要的影响。教育管理主体素质对大学生全面健康有显著影响。就大学生来讲,高等院校要重点培养教育管理主体良好的道德品质和性格特征、强烈的责任感和敬业精神、较强的业务理论水平和较强的沟通协调能力。

(一)建立准入机制

高等院校要摒弃将辅导员工作视作一般行政管理工作和教育管理工作者选拔唯学历的

错误观念，建立教育管理主体职业准入机制和退出机制，设立科学规范的甄选制度，严把人员入口关，真正地把那些政治信仰坚定、热爱学生工作、事业心强、人格魅力突出、责任感强的教育者选聘为辅导员。教育管理主体选拔过程中要加强考察环节的工作，要通过走访了解、查阅档案、心理测试等方式，重点加强对备选对象政治觉悟、道德品质、性格特征的考察，要建立试用期，在实际工作中进行考察，严把教育管理主体的准入关。

（二）创新教育管理主体工作评价机制

一方面，要将"单一评价"转变为"多元评价"。目前，高等院校普遍建立了教育管理主体年度考核办法和考核指标体系，每年度考核一次，主要由学校负责学生工作的职能部门根据指标体系进行量化评价，评价主体相对单一。实践证明这种评价方式不能体现教育管理主体个性发展需要，不能带来很好的激励效果，应该实施更加多元化的评价，将广大学生、任课教师、家长代表的意见引入教育管理主体工作评价中来，拓展评价主体，通过多方的参与，使对教育管理主体的综合评价更加客观。另一方面，要将"目标型评价"转变为"形成型评价"。高等院校要改变传统的"年底考核一锤定音"的方式，强调分阶段考核、过程性考核；要为每个教育管理主体建立素质能力成长评价档案，记录教育管理主体工作中的点点滴滴，以及素质和能力培养中存在的问题，督促其及时加以改进。

（三）给予教育管理主体人文关怀

高等院校要加强对教育管理主体群体的人文关怀，将人文关怀作为高等院校教育管理主体综合素质培养的"催化剂"。从"双因素"激励理论上看，在日常工作中，高等院校不但要满足教育管理主体的"物质激励因素"，更要满足教育管理主体的"保健激励因素"和"发展性激励因素"。学校管理层要进一步强化针对教育管理主体这一群体的政治关心、业务关心、发展关心和生活关心，从业务提升、职级晋升、实践锻炼和文化生活等方面给予关怀和支持，增强教育管理主体自身对职业角色的认同感。

二、提升教师人格魅力

教师人格魅力是建立良好师生关系的基础，良好的师生关系又是学生获得人际支持的重要资源。教师人格魅力是教师在教学活动表现出来的，能够吸引学生积极参与教学活动，并对教师产生敬佩感、亲近感的一种感召力量。教师人格魅力所产生的感召力，能增强其对学生的情感吸引力，使学生心悦诚服地认同教师的观点、思想和行为，提升学生对其所教授课程或专业知识的兴趣和喜爱度，增强教育教学效果，有助于学生自信心、主观幸福感的提升。教师的人格魅力对大学生有显著影响，从促进大学生健康全面发展的视角审视，高等院校应从以下方面引导教师树立人格魅力：

（一）树立正确的教育理念

教师的教育理念是教师在教育教学实践和文化积淀与交流中形成的个人关于教育价值与教育方式的认知与追求，表现为一种具有相对稳定性、可持续性和指向性的教育观念体系。教育教学行为是教育理念在教育实践活动中的外在表现形式，在与学生的互动中起着激励、唤醒、鼓舞学生，促进学生的思想、行为、情感产生积极变化的作用。教师的使命不仅包括传承文化、授业解惑，更包括人格培养、明道正志，教师日常表现出来的理想信念、人生态度、价值取向、道德修养、治学方法、言谈举止等对大学生世界观、价值观的形成和性格的养成都产生着潜移默化的影响，有的甚至会影响大学生一生的发展。因此，高等院校教师应通过自身的高尚品德、宽广胸怀、严谨学风、真诚态度、健康心理品质、良好行为习惯等开启学生智慧，滋润学生心灵，传承社会文明，引导学生树立正确人生信念，进而对学生的道德品质和心理品质产生积极影响。

（二）增强关心爱护学生的意识

教育活动首先是一种师生之间的互动活动，是通过教师与学生之间思想、语言、行为等方面的互动交流，对学生思想和行为产生影响并引起变化的过程。现代意义上的师生关系是一种平等交流、相互尊重的关系，教师在教育过程中只有常怀关爱之心、尽责之志，才能真正尽到教师的责任，提升个人对学生的影响力，达到理想教育效果。课堂教学不只是教师讲授这一个要素，它还包括引导启发和互相关爱等方面。当教师在教学中平等地对待每一个学生，尊重学生在互动中的主体地位，学生就能感受到自己在教师心目中和教学活动中的价值和重要性，认识到自己的主体作用，进而产生参与互动的热情和主动性。教师对学生的尊重与关爱不仅体现在每一次教学活动中，还能延伸到教学活动之外，主动与学生分享求学经历、人生理想，鼓励学生勇敢面对挫折和挑战，在探索未知世界的过程中与学生建立情感联系。曾任清华大学校长的梅贻琦这样描述师生关系："师生犹鱼也，其行动犹游泳也，大鱼前导，小鱼尾随，是从游也。从游既久，其濡染观摩之效自不求而至，不为而成。"[①]

（三）提升个人学术素养

所有高等院校教师在职业生涯中都应该始终把自己当作知识的学习者、科学规律的探

---

① 梅贻琦.大学的意义[M].武汉：长江文艺出版社，2019.

究者，将学术研究活动当作是教师职业的必修课贯穿教师整个职业生涯。高等院校教师只有自己爱好学习、善于钻研、勤于探索，才能引导学生端正学习态度，养成学术思维和习惯。所以，潜心学术研究，广泛涉猎学科领域知识，积极关注学科发展前沿问题，不断发表研究成果等既应是高等院校教师的学术志趣，也应是高等院校教师培养人才的必备条件。作为一名高等院校的教师，只有经常从事科研实践才有可能将学科前沿成果引入课程教学，引导学生从多学科和跨学科视角分析复杂问题，引导学生掌握科学研究方法，鼓励学生质疑书本，开拓知识边界，激发学生的求知欲和探究欲。高等院校教师在教学中扮演着知识传授者与开发者的双重角色，在教学活动中不仅要传递书本知识，而且同时还需要传递自己通过科学研究发现的新知识，并建立知识与当前现实问题的联系。因此，教师的学术素养间接影响了所教授课程的质量，决定了课堂教学内容的前沿性和创新程度。中国当代著名教育家张楚廷曾说："学识水平（或学术水平）与教学水平是教师业务能力的两翼，须两方面同时提高自己。我们的教学艺术是靠这两翼齐飞而翱翔的。"[①]

（四）掌握教育教学行为艺术

教学活动不是靠热情就能做好的事情，它既包含着一定科学规律，又体现着行为艺术。在教学活动中，教师只有认真研究并遵循学生的认知规律，按照学科知识特点，科学安排教学内容，合理分配教学时数，课内课外有机结合，做到理论联系实际，将专业知识传授、行为能力培养、心理素质与道德品质培育巧妙融于一体，并通过恰当方式向学生传递，才能做到"授之以渔而非授之以鱼"。教育教学行为就是师生之间思想、语言、行为沟通交流的艺术，需要教师根据学生对讲授内容的理解程度和反馈情况，灵活运用启发式、讨论式、探索式、研究式、案例式等教学方法，调动学生的学习积极性，激发学生的兴趣点和求知欲，引导学生独立思考，培养学生的创新思维能力。

第五节 激发学生个体的主体自觉性

一、积极推进大学生的自我教育

加强自我教育，是青年大学生完善自我个性的有效途径。最佳的自我教育应以社会发展的必然规律为准绳，正确地对待自我，不断地完善自我。

---

① 张楚廷.高等教育研究精粹[M].长沙：湖南师范大学出版社，2020.

（一）正确地认识自我

自知、自鉴是自励、自勉、自控的基础。古人云："人贵有自知之明。"这说明正确认识自己是相当困难的。正确认识自己的困难性：一方面，在于人对自己的心理，常常不能像测量自己的血压、身高那样有一个客观的尺度，即使借助于心理测量，一般人也难以掌握；另一方面，在于人对于自己的认识往往缺乏一定的积极性和坚持性。因此，"当局者迷"的情况也就容易发生。要正确地认识自我，可以从以下几方面入手：

第一，应当学会正确地认识社会，认识人生。自我观念是具有社会定向意义的，如果一个大学生不熟悉社会生活，不懂得社会发展的客观规律，就不能了解人生的意义，因而在评价自我的时候，就找不到合适的社会尺度，甚至会以消极的尺度去度量自我，就可能会做出错误的评价。因此，大学生应当学会用马克思主义的观点去考察社会与人生，学会用历史唯物主义的观点来评量自己。

第二，要积极参加社会实践和社交活动。个人对自己的认识，是借助于一定的参照系而实现的。积极参加社会实践和社交活动，有助于个人找到正确的参照系来认识自己。这方面的参照系主要有：

1. 社会上其他的人，特别是与自己的条件相类似的人。
2. 社会上其他人对自己的态度。
3. 自己活动成果的社会效应。

对自己的认识也就是对自己的反思，但其信息却源于客观现实，是大脑对各种信息进行加工的结果。这些信息只有通过交往和活动才能获得，通过活动才能得到反馈信息。当然，不能说参加了活动和交往，就一定能正确地认识自己，这里的关键是会不会将获得的信息进行分析、综合和比较。例如，是否善于进行各种方式的比较：既进行纵向比较——将"现实的我"与"以往的我""理想的我"做比较，也进行横向比较——和各种人做比较，既和比自己优秀的和相似的人做比较，也与比自己稍差的人做比较。这样，才能比较客观、全面地认识自我。

第三，要经常反省自己。虽然个人认识自己的信息来源之一是他人的行为态度和自己的活动成果，但个人对自己的观察和思考也是自我认识的一个重要方面。他人对自我的评价不等于自己对自我的评价，两者往往存在着相当大的差距。这里既有认识方面的原因，又有动机方面的原因，即是否勇于和善于将自己作为一个认识的对象，是一个重要的原因。

因此，要正确认识自我，还必须经常自我反省，对自己做一分为二的分析，严于解剖自我，敢于批评自我。

（二）正确地对待自我

学会正确地对待自我，包括两方面的含义。

第一方面，要具备积极健康的自我情感体验。积极健康的自我体验是自我教育的内在动力，无此动力就无法将"现实的我"转化为"理想的我"。

积极健康的自我体验的核心成分是自尊感，具体地讲有以下几方面：

1. 在肯定性与否定性自我体验方面，应以肯定性自我体验为主，如比较喜欢自己，有自豪感、成功感、顺心感、愉快感等。

2. 在积极与消极性自我体验方面，应以积极性的自我体验为主，如开朗、乐观，对生活感到温暖，对未来充满憧憬。

3. 在紧张与轻松的自我体验方面，应保持适度紧张和适度轻松。

4. 在敏感性自我体验方面，应保持一定敏感，然而又不过分敏感，从而能够做到冷静地、理智地，而不是冲动地对待自己的得与失，积极地充满信心地认识自己的长处与短处，以愉快的心情接受自己的短处，发扬自己的长处，满怀希望地憧憬自己的未来。既不以虚幻的自我补偿内心的空虚，又不消极回避、漠视自己的现实，更不以哀怨、忧愁以至厌恶来否定自己。

积极健康的自我体验，取决于一个青年的远大理想。正如我国近代著名音乐家冼星海所说："每个人在他生活中都经历过不幸和痛苦。有些人在苦难中只想到自己，他就悲观、消极、发出绝望的哀号，有些人在苦难中还想到别人，想到集体，想到祖先和子孙，想到祖国和全人类，他就得到乐观和自信。"[1]远大的理想激励我们去拼搏，战胜消极的情绪，增强挫折的容忍力。

第二方面，要进行积极的有效的自我控制。自我控制是主动定向地改造自我的过程，也是个人对待自己的态度的具体化的过程。自我控制常常是通过内部语言而进行的，是主动改变"现实的我"以达到"理想的我"的过程。这一过程是否积极有效，大致取决于三个条件。

条件一：理想自我的正确性和适宜性。当代的大学生都应该有理想、有道德、有文化、有纪律，热爱社会主义祖国和社会主义事业，具有为国家富强和人民富裕而艰苦奋斗的献

---

[1] 冼星海. 我学习音乐的经过[M]. 北京：人民音乐出版社，1980.

身精神;都应该不断追求新知,具有实事求是、独立思考、勇于创造的科学精神。这是"理想的我"的正确性的标准,应当在此基础上设计自我。而所谓理想自我的适宜性,是指要面对现实,从实际出发,确定自己具体的奋斗目标,把远大的理想,分解成一个个远近高低不同的具体目标,从而由近到远、由低到高逐步实现。这里的关键在于小目标要适当、合理,即每一个小目标不是轻而易举就可以达到,而是需要努力才能够达到的,以免失去信心。

条件二:对实现目标的坚持性。对自我的监督与修正,也与人改造客观世界一样,需要以意志的力量作为保证的条件,如对目标认识的自觉性、主动性(不是模糊的、外加的),对实现目标的决心和克服困难的能力(不是只在一帆风顺时才能坚持目标),对成功的正确态度和对失败与挫折的容忍力。大学生的这些心理素质处于发展之中,因此要特别注意增强自我控制的自觉性、主动性,将社会的需要转化为主观上实现"理想的我"的内在动机,增加自信心和坚持性,准备为目标的实现做反复不断的努力,增强自制力,防止消极情绪对自我控制过程的干扰。

条件三:自尊自爱之心,这是自我控制的激励因素。苏联著名教育实践家苏霍姆林斯基说,要让每一个学生都抬起头来走路。大学生都应该感到自己是对社会有用的人、有希望的人、能成功的人,周围的教师、同学、家长、集体都喜欢他、需要他、肯定他,他也需要别人,需要为大家、为人民付出一切,需要成功。这就会使他为改变"现实的我"而更加努力。

总之,有效的自我控制,一是要有积极的目标作为努力的方向,二是要有坚强的意志作为保证,三是要有健康的情感作为激励的动力。

(三)完善自我的方法

要提高大学生的自我教育的效果,除了以党的教育方针正确认识自我,正确对待自我之外,还要解决好完善自我的方法和途径。只有目标正确,方法对头,态度坚决,才能使自我教育不断获得提高。积极参加到人民群众的实践中去进行修养,这就从根本上坚持了实践是认识的基础这一辩证唯物主义的认识论原理,使个性修养具有正确的理论指导,从而能够按照共产主义道德的原则和规范为自我教育提供正确的途径和方法。因此,对于完善自我的方法,大学生应注意以下几点:

1. 要努力学习和掌握马克思主义理论和现代科学文化知识,积极投身于建设社会主义现代化祖国的实践。

2. 要发扬不怕任何困难、为祖国和人民顽强奋斗的献身精神。

3. 可采用各种行之有效的自我教育的具体方法，如记日记，以名人名言作为座右铭来分析自己、激励自己、提高自己等。

二、采取柔性管理，提高大学生的学习积极性和主动性

（一）学生管理中的柔性方法

基于柔性管理的理念，高等院校学生管理工作所体现的是"少一些管理，多一些教育与引导"的核心价值和方法论。学生管理以服务于人的成长为价值取向，是为教育服务并发挥着教育的功能。在当前，高等院校柔性管理主要是通过人文关怀、心理疏导、幸福观教育、榜样示范等方面进行。

1. 人文关怀

大学是文化的圣地，对大学生的管理主要应该是"以文化人"，即通过文化的熏陶、文化的教化等功能，引导大学生自由而全面发展。人文关怀的核心问题是了解并回应学生的人文需要，从学生的内在需要出发做好管理工作。在实践中，学生管理主要是通过营造良好的校园文化、关心学生的学习生活、关注学生的文化体验等手段进行的。在大学校园里，培养校园文化从某种角度说就是培养学生本身。教育管理主体对学生的关怀要体现在学生的文化需要上，如"学生需要读些什么书？""学生需要听一些什么样的讲座？""学生的学习场所环境如何？"等这些都是我们要关心的。教育管理主体对学生在学校的学习生活事事关心是不对的，那是"保姆"对待幼儿的方法，但抓住人文关怀这个核心是必需的，而且是可以起到长远作用的。对具体学生管理工作而言，主要措施包括建立学生帮扶中心、学生党团之家、"新生适应学院"等。

2. 心理疏导

管理，从一定程度上来讲就是对人的心理规范和引导，从而规范和引导人的行为，以达到一定的管理目的。在高等院校的学生管理中，关注学生心理发展是非常重要的。目前，大学生普遍存在或多或少的心理问题，这些问题主要体现在缺乏必要的心理知识、心理调节能力较差等方面。建立校、院（系）、班三级心理防护体系是一种很好的探索，也取得了较好的效果。但从学生管理的角度来看，高等院校主要是做学生情绪的疏导工作，促使其保持积极的心理状态，从而更好地投入到学习与生活中去。需要进行疏导的心理主要包括厌学情绪、攀比心理等。近年来，心理咨询辅导得到了大多数高等院校的重视，如在大

学生中开展心理咨询、服务与治理等，但积极心理学的运用却是很不够的。心理疏导的主要价值在于培养学生积极上进的心理状态、对大学生活的认同、对青春期的心理认知与认同。这方面的主要措施有群体心理辅导、谈心谈话、励志演讲等。

3. 幸福观教育

幸福问题是没有他因的，是人类的终极性问题。大学生对幸福的理解直接关系到大学生的健康成长和社会和谐。当今文化多元化的趋势越来越明显，西方文化对中国大学生的影响是比较大的。享乐主义、拜金主义的思潮侵袭着大学生的思想，树立正确的幸福观就显得越来越重要。幸福教育，主要就是树立马克思主义幸福观。马克思主义幸福观是以人的自由全面发展为旨趣，以人的动态与和谐幸福为核心内容的，即动态幸福观、和谐幸福观、人的自由而全面发展的幸福观。在大学生管理中，幸福观教育是起到基础性作用的，也是对大学生世界观、人生观教育的一个很好的切入口。做好幸福观教育，学生能更好地认识自我、认识幸福，从而有所追求又能很好地自我调节。当大学生能明显感受到自己处于幸福状态时，学生管理工作是最容易推进的，也是最有效的。如何推进大学生幸福观教育，目前所探索的方法有幸福理论学习、幸福案例分析、幸福分享主题班会等。

4. 榜样示范

教育与管理有着一个共同的本质就是引导人向善。但向善并不只是告诉别人善是什么或者告诉别人向善的方法，而是要通过人们的实践起到一定的社会作用，从而让越来越多的人加入其中，即"走好自己的路，让越来越多的人跟着你走"。大学生管理工作的一个重要目的就是引导学生求真、向善、趋美，如何做到呢？看一个教师是否优秀，重要的是看他如何教，但更重要的是看他如何做，榜样的力量是巨大的，发挥学生管理者的模范作用，有利于学生管理的长效性并真正地起到教育和管理的作用。一流的教师是榜样，二流的教师是教练，三流的教师是保姆。基于这样的基本认识，作为大学教师的教育工作者，应该"避免做保姆，适当做教练，全力做榜样"。在身教重于言传方面，主要是要做学生的道德典范、学习知识的典范、为人处世的典范。这是从教师作为学生的榜样的角度来说的，另一方面则是要通过社会上的学习和道德先进的案例来引导学生，更重要的是要在学生内部挖掘并树立好的榜样示范，使他们成为学生学习的标杆，从而凝聚学生学习的方向性。

（二）学生管理柔性化的现实意义

在现代社会中，人们似乎认为管理就是以一些刚性的规则使人服从，从而实现管理者的目的。但这样的管理思维并不是十全十美的,甚至会产生较大的反弹作用。近年来,柔性管理的思想慢慢被越来越多的人研究并认同,特别是在非敌对关系的群体或组织管理中,更显出其力量。高等院校学生管理工作是加强和改进思想政治工作的重点领域,如何做好这方面工作,关系到国家的前途和命运。大学生是祖国的未来,社会主义现代化建设的接班人,对这部分人的管理,高等院校要充分认识到教育与引导的重要性,以社会主义核心价值体系为指导,践行社会主义核心价值观,以柔性管理的思想为基本思路,充分尊重学生的个性,引导学生自由全面发展。高等院校学生管理柔性化对和谐校园建设、培育良好社会心态和公民道德、促进人的自由全面发展等方面具有重要的现实意义。

1. 有利于推进校园的和谐稳定

刚性管理犹如作用力与反作用力,通常作用力有多大,反弹的力就会有多大。大学生正处于逆反心理比较强的阶段,如果高等院校在学生管理中都是通过强硬的办法去规范学生,可能短期内可以起到一定的效果,但终究是会反弹的。柔性管理可以减少学生的逆反心理,通过让学生认可的方式进行互动,从而有利于校园的和谐稳定。另一方面,校园的和谐稳定又会更进一步促进学生的理性平和的心态的形成,从而形成一种良性的循环,即以柔性管理助校园和谐,以校园和谐推柔性管理。

2. 培养良好的社会心态和公民道德

大学生是或者说将是现代社会的中坚力量,这个群体是否有良好的心态直接影响着良好的社会心态的形成和整个社会的发展。道家学派创始人老子讲"上善若水",人的本质或者说社会的本质是柔性的,但这种柔性可能会由于社会管理或管制而产生负面的力量。培养学生良好的心态,要求教育管理者本身有良好的心态,同时,柔和理性的管理方法也是必需的。良好的社会心态的培养不是一天就能够完成的,需要不断加以推动,只有做好每一个年级的学生的柔性教育与管理,才能最终实现。大学生的心态将成为社会心态的"风向标"。柔性管理还由于其基于道德治理的理念,以培育学生的基本道德原则和规范来推动具体的管理工作,从而对于大学生的公民道德的培育起到很好的德行推动作用。

3. 有助于人的自由全面发展

教育的最终归宿是实现人的自由全面发展,是解放人的思想和行为,而不是限制人的思想和行为。有人试图通过教育来规范和限制人的行为,但所起到的作用是很小的,甚至可以说是不可能的。大学生的管理工作,就是通过管理引导学生的自我管理,从而丰富自身的知识、能力等,从而实现自身的全面发展。学生的自由、全面发展是对社会发展的巨大推动力，也是社会发展的力量之源。人的本质是追求自由的，人通常都不希望被管而希望管人，而这种愿望是不可能完全实现的，但是如何来趋向于既实现管理的目的又实现人的自由的结果呢，唯有柔性的教育和管理活动可能做到。

第六节　管教结合，促进大学生个性发展

高等院校肩负着人才培养、科学研究、社会服务、文化传承创新、国际交流合作的重要使命。高等教育培养什么样的人、如何培养人以及为谁培养人的人才培养方向，事关办什么样的大学、怎样办大学的根本问题，事关党对高等院校的领导，事关中国特色社会主义事业传承，这是一项重大的政治任务和战略工程。作为中国共产党领导下的高等院校，要旗帜鲜明地坚持党的领导，贯彻党的教育方针，把高等教育发展方向与我国发展的现实目标和未来方向紧密联系在一起。

促进大学生个性发展是高等院校学生教育管理的基本目标和内在要求，加强对学生个性发展的培养，有利于高等院校和谐校园建设，有利于高等院校的可持续发展，也是高等院校培养全面发展的创新型人才的需要。高等院校学生教育管理要以生为本，关注、尊重学生的个体特征，激励学生个性张扬，促进学生个性发展，从而提升高等院校学生教育管理的效能。

人才培养、科学研究、服务社会是高等院校的神圣使命和基本职能。教育管理是高等院校培养合格人才的主要支撑环节之一，有效性的教育管理不但有利于大学生身心健康发展，而且对大学生人生观、价值观的形成具有重要影响。大学生的个性发展培养是高等院校大学生教育工作的一部分，是提升大学生综合素质的重要环节，是实现人才培养的必要途径。将个性发展教育纳入高等院校教育体系之中，关爱大学生，尊重大学生，有利于构建大学生个性发展教育的多元模式，有利于形成启发学生自主性、积极性的良性教育模式。对学生个性发展的培养也是高等院校教育管理对大学生尊严、价值和命运的关切。一流大学要有自己的理念，这个理念应是以促进学生个性张扬、提升高等教育质量为前提的。

一、教育管理对大学生个性发展的"应然价值"

大学生是引人注目、具有突出时代特征的社会群体。每一个大学生都强调自己的独立性和重要性，"非主流"和"另类"也是不少大学生的追求，这些都影响着大学生的全面

发展。高等院校教育管理为大学生个性发展提供了保障依据，个性发展离不开教育管理的支撑。因此，高等院校要不断改进教育管理，帮助大学生树立正确的世界观、人生观和价值观，实现理想，实现自我价值，促进自身的个性发展，实现个体的全面发展。

（一）教育管理对培养大学生个性发展的历史性回顾

中国经历了原始社会、奴隶社会、封建社会、资本主义社会、社会主义社会的历史演变。社会发展源于生产力的推动，生产力不但推动社会变革，而且推动教育事业的发展。韩愈说："师者，所以传道授业解惑也。"但是传统的教育模式存在很大弊端，教条主义、本位理念深入教育者的思想。按部就班是传统教育的一大特点，虽然在特定社会发展时期对教育管理起到了一些积极的推动作用，但是也影响了许多先进教育思想的引进。传统的教育思想多强调中庸、仁义道德，不注重对个性张扬的培养，在一定程度上影响了学生的个性发展。知识是高等院校传承发展的第一生产力。传统的教育体制、传统的教育思想影响着高等院校的发展，这也是高等院校没有生命力、不能创新发展的深层次原因。改革开放以来，高等教育的发展日新月异，高等院校更加注重以学生主体性发展为中心的、开放性的教育模式。高等教育发展的历史经验表明，对大学生进行个性化教育，是提升高等教育质量的重要保障，是培养高质量、高素质人才的必由之路。在现代大学教育制度的引领下，教育管理呈现的是个性化的、主体性的、独立性的、人本化的多元管理模式。

（二）教育管理促进大学生个性发展的特色性

特色就是优势，特色就是实力，抓住了特色，就抓住了发展的机遇。高等院校学生教育管理就是要引导大学生进行个性发展，引导大学生去创造美好的理想生活。每个大学生都有自己的经历，都有自身的特色，这样就形成了大学生个体的个性特征；个性张扬是每个人的内在需求，大学生个体的个性发展希望得到社会、教师和同学的认可。曾经有西方教育家认为，每个学生都想成为有个性的人，他们内心深处的这种需要和认同，可以促使大学生形成正确的思想意识、正确的人生目标。个性发展是以学生自身为中心，全面、有效地实现个体成长，教育、引导学生走向人生双赢的必由之路。个性发展是大学生人生良性发展的必要条件。个性发展是教育体系发展模式的一大特色。个性发展对大学生人生发展影响甚远。"世界上没有相同的两片叶子"，人与人之间也是不同的，都是独一无二的，每一个人都是绝版。个性作为大学生发展的代名词，是一代学子精神面貌的整体表现，也是反映个体具有一定倾向性的心理特征的总和。个性包括生活中的林林总总，如兴趣、世界观、人生观、价值观、动机、能力、气质、性格等，所以个性是一个内涵非常广泛的概念。在时代发展的激流中，人既有保守、依赖、顽固、软弱等消极的个性品质，也有开拓、独立、创新、坚强等积极的个性品质。学生的教育管理只有在尊重学生的个性化特色发展的理念下，才能培养出具有创新性的、开放性的、独立性的专门人才，才能为创造性人才营造优良的培育土壤与发展空间。

（三）教育管理中张扬大学生个性的发展性

大学生是教育管理的主要对象，也是教育管理的主体。教育管理的目的就是更好地培养全面发展的学生，把培养大学生的个性张扬作为高等教育的出发点和落脚点，充分发挥学生的主观能动性，在教育管理中激发大学生德智体美劳全面个性发展的潜质。现代教育管理中大学生的个性发展，应该充分展现大学生个体的独立意识、自我判断、社会行为、人际交往、组织技能等方面的个性心理特征，注重大学生个性心理品质在教育过程中发挥内在的动力机制，形成自我制定目标、自我设计、自我管理、自我实践与自我评价的符合自身发展的主体结构。教育管理中应该注重评价大学生在自我学习过程中所获得的知识、技能、能力与社会适应能力，注重大学生在原有基础上的进步与学习成果，注重对大学生在自我完善的基础上，乐于与他人合作、乐于奉献、乐于参与志愿活动等精神的培养，引领大学生在教育管理中全面发展，正确并及时地缓解学业、情感、就业、人际、社会竞争和外界环境刺激等方面带来的诸多压力，提升自我发展的空间。

二、对现行教育管理中大学生个性发展教育的反思

从当前形势来看，高等院校发展面临着许多新问题和新挑战。在发展过程中出现的一些薄弱环节，需要高等院校教育管理者结合时代特征，在教育管理中高度重视、认真对待。

反思一：教育管理中对大学生个性发展的弱化重视不够。

一所重视学生个性发展的高等院校，一定是能把握学生主动性，重视学生全面发展的高等院校。当前，有的高等院校在"官本化""唯书化"教育模式的影响下，存在对大学生个性发展的重视不够的现象。教育管理完全依赖传统的灌输式管理模式，开放性的教育理念还没有纳入课堂，指导管理认知与实践的水平偏低。以教师为中心的教学思想根深蒂固，这在一定程度上抑制了大学生的个性发展。从专业教育管理层面上看，教师缺乏与学生之间零距离的交流，普遍存在一张考试卷决定师生关系的现象，一章节的多媒体课件拉大了师生距离，没有设疑、设计、讨论和争辩的课程教学偏多。在这种范式的专业教学下，大学生的个性只能呈现"弱化"趋势。从思想政治教育管理层面上看，一些高等院校以刚

性的制度、以奖励与惩罚、以综合测评等代替人的管理。在这种教育管理模式下，大学生的个性发展只能受到压抑和限制。高等院校的教育管理对大学生个性发展采取的上述做法，显性或隐性地对大学生成长成才产生直接的或者间接的负面效应。因此，教育管理者只有重视对每位大学生的个性教育，才能真正解决教育管理中大学生个性发展弱化的问题。

反思二：教育管理中对大学生个性发展的自主性的培育力度不够。

当代大学生有较强的自我意识，追求自由，但是由于自身的阅历等影响着正确辨析事物的能力，缺乏较强的自我控制力，容易混淆是非，有时不能正确地把握自己的意识和行为，容易导致少数大学生道德观、价值观、生活行为等出现不尽如人意的地方。高等院校只有把教育管理落到实处，才能真正体现对学生个性发展的重视。当前，有的高等院校教育管理部门在转型发展中没有充分重视工作职能的转变，尤其是在履行强化服务学生职能过程中存在偏差，在执行相关制度与管理行为上存在普遍性的矛盾状态。例如，学生服务机构的形式化、虚设化，切实为学生提供服务和帮助的平台偏少，甚至存在以追求利润最大化为主要目标的服务范式。再如，在教育管理过程中，强制性教育、统一化教育、公式化教育的方式普遍盛行，缺乏重视大学生的自我管理、自我教育、自我服务作用的意识，导致学生主观能动性的匮乏，造成大学生个性发展的依赖性增加，自主性、独立性降低。由于大学生个性发展的自主性弱化，加之自我文明、规范、责任意识不强，大学生考试作弊、行为不文明、无节制上网、抽烟酗酒等不良行为和现象普遍存在。因此，重视对大学生个性发展自主性的培育，是教育管理的重要目标与主要任务。

反思三：教育管理与大学生个性发展的社会化存在矛盾。

大学生个性发展是高等院校办学特色形成重要影响的因子。大学生的个性发展培养路径是多元化的，高等院校由于受传统的教育管理影响，更多的是把学生当成温室里的花卉来培育，教育管理以安全为依据，提倡校园就是家的理念。从课程设置层面来看，绝大多数课程都是在学校课堂上讲授的，很少有课程是在企业、法院、博物馆以及与专业课程相对应的社会单位进行讲授的。从教育管理层面来看，一方面受高等院校地理位置影响，许多高等院校都建设了新校区，学生从事社会活动的时间和地点受到了限制，学生出校门就要用车，用车就要经费。因此，学生只能在校园待着。另一方面，教育管理过程重视学生的学业，忽略学生的社会适应力，从而导致学生足不出校园，然而，现代基础教育改革对教师教育的专业化与职业化提出了新标准与新要求，大学生的综合素养将决定学生的职业定向和就业趋向，社会适应力是其中起决定性作用的因素之一。而现行的教育管理模式与强化大学生个性发展的社会性之间存在许多矛盾，解决这些矛盾的关键在于转变教育管理理念，切实采取措施，着力解决课程设置与教学管理的社会化问题。

三、教育管理中对大学生进行个性发展教育的路径

高等院校担负着为社会发展培养大批高素质人才的光荣使命，培养具有个性张扬和全面发展的人才是实现这一目标的重要保证。随着社会转型的深入，高等院校转型加快，高等院校办学规模不断扩大，已经形成了自身的教育管理模式。为实现培养目标，高等院校要确立"以人为本"的理念，以科学发展观为指导，推进教育管理的理念和体制的改革与创新。

路径一：发挥制度政策的导向作用，健全个性人才培养机制。

良好的创新制度能使高等院校更有活力，同时也更能提高大学生的个性思维品质，促进大学生的个性发展。教育目的就是培养人才，良好的教育制度是实现人才培养的基础，思想政治教育要以基本道德教育为基础，深入进行品德意识、行为规范等教育。高等院校人才培养制度的更新不仅能改造教育者和被教育者的主观世界，也能改造客观世界。完善的政策保障能给学生提供畅所欲言的空间，同时使学生勇于创新、敢为人先、彰显个性。高等院校以学生为本，结合历史与现实进行科学有效配置，形成最优化制度政策体系，在宽松的教育环境下，大学生更能成为教育管理的参与者、管理制度的受益者。同时，高等院校制度政策的不断完善更新，更能适应大学生个性发展，也更能顺应时代潮流，形成高等院校在新时期的发展特色。

路径二：发挥专业教育课程实施的主导功能，促进大学生个性发展。

在课堂教育中，教师要充分调动学生的主观能动性、学习积极性，丰富课堂教学氛围。"学高为师，德高为范。"教师应注重自己的人格塑造，一个教师具有的高尚品格能对学生产生不可抗拒的人格魅力，尤其是高等院校学生教育管理者的个性张扬对学生的影响更大。高等院校教育管理者要在严格的、规范的课堂教学中，根据课程设置，利用专业特色，引导、培养学生的个性意识，形成学生的个性特点。现代化的多媒体技术是促进学生形成个性张扬的媒介，教师可以通过网络课堂教学，方便学生查阅资料，实现网上互动，扩大学生的知识面，提升学生的学习兴趣，变学生被动学习为主动学习、自主学习，形成自我学习、自我教育的良好局面，促进大学生自我发展意识的形成，从而促进大学生的个性发展。

路径三：依托校园活动实践载体，实现活动育人功能。

大学生的精神生活是校园文化形成独特的价值体系的主要因素。科学合理地运用校园文化资源不但能丰富高等院校的大学精神，而且能促进校园环境和校园设施的更新和规划。例如，通过宿舍、图书馆、体育馆、电子阅览室、多媒体教室、实验室、黑板报、校刊等载体体现大学校园文化活动是大学生创新的源泉。校园文化活动在全面培养学生各方面能力的同时也提高了校园的人文氛围。培养学生个性发展还要丰富文化载体建设，培育和打造校园文化品牌，加强网络文化建设，引导和培养学生适应社会发展的个性品质。因此，要加强校园文化建设就必须继承和弘扬学校优良的文化传统，营造富有地方特色、专业模式、历史内涵、时代风格和学校特色的校园文化环境，实现高等院校在转型中培养学生个性发展的育人功能。

路径四：开展多样化的社会教育实践活动，提高大学生的社会适应能力。

高等院校应该利用自身服务区域、服务地方的优势，全方位地组织大学生走出校园，融入社会，增强大学生参与社会教育实践活动的能力，培养其内敛、平衡、竞争、协调、适应等良好的心理品质，在个性发展的过程中，能够增强对社会发展的认知，提升适应社会的能力。高等院校可以通过社会调查、青年志愿者、咨询服务、社区家政、家教实践、教育实习、教育见习、网络教育、自学自考、设计竞赛、技能培训、职业资格、文体展示、文化实践、科技宣传等活动，培养适应社会的综合能力。高等院校应该构建大学生社会适应力的培养体系，把教育管理过程与大学生个性培养以及社会教育实践活动紧密结合起来，促进大学生创新意识的形成，以及对大学生全面教育的动力机制的形成。

高等院校学生教育管理对大学生个性发展培养的支撑作用是当前高等教育的重要功能，在高等院校学生管理中培养学生个性发展是高等院校转型发展的需要，它体现了教育以人为本，体现了高等教育的人文关怀。应该充分利用转型发展的机遇，推动对大学生个性发展的培养，实现管理平台多元化体系的构建，提升高等院校学生教育管理水平，为社会发展培养更多、更好的创新型人才，为中华民族的伟大复兴奠定人才基础。

第八章 "互联网+"时代高校学生管理创新路径

第一节 大数据时代高校学生管理模式

大数据在有着数据规模庞大这一特点的同时，数据背后的可挖掘利用的有用价值也是大数据的优势之一，但这些特征不能完全地总结大数据的全面意义，大数据时代的不断变化使其定义也不断地被充实和扩大。国家发展一定是以教育为基础的硬性条件，如今国家建设得如此强大与高校教育成果是分不开的。随着各大高校规模的扩大和发展，原有的师资力量显得有些单薄，这直接造成了管理力度缺乏和管理混乱，教育团队超负荷的工作量使得管理模式老旧而缺少新意。然而在大数据时代里的海量信息内容的应用与普及，让高校教育工作者们看到了新的希望，在有限的师资条件短缺的情况下，与大数据进行尝试性的融合，可以使管理模式创新。

一、大数据

（一）身边的大数据

在高校学生体系中，每名学生都拥有截然不同的信息情况。近两年来高校学生更喜欢通过微博这类的社交平台，将自己和身边人的写实自拍、原创的搞笑视频片段等等有鲜明个人特色的内容发布出去，这就产生了多元的社交群体。高校学生之间的交互式评论使其制造的信息数据不间断地增长，并以惊人的增长势头刷新人们的价值观。大数据时代先进的教学管理模式，一些与时俱进的变化也是不错的特征表现，如高校学生学籍的注册、与校内生活消费息息相关的校园卡、学生的课时出勤、学生课业选课及考试成绩的评分等等，都是以新媒体应用形式与高校学生进行有效的联系。这些贴近高校学生的在校生活起居的大数据分析，展现出了数字信息领域已经在高校学生管理当中起到了很好的作用。

（二）"不完美"的大数据

大数据的内容繁杂不稳定使其显得混乱而难以掌控，各高校的管理系统并没有明确地建立模式，一成不变的管理模式和手段，完全不能满足大部分高校管理工作者的需求，学生的数据信息的不统一使其准确度大大降低，这让大数据的优势打了很大的折扣，也让高校学生在管理应用中处处碰壁。传统数据分析方法导致大数据资源不能更好地得以利用，众多高校基本都是以传统的纸质问卷形式来调查数据，将其作为参考样本，但这种延续很久的抽样统计有着很大的受限性，随之产生的负面效应也是很麻烦的，明明可以利用更快捷有效的大数据环境进行信息更精准的统计还要固执地坚持使用传统的方法就是因为大数据的"不完美"。

二、大数据时代中的高校管理

（一）管理目标

在大数据与新媒体融合的当下，高校教育者应积极地利用这个信息数据的优势，面向高校学生制定更便捷、更吸引的管理目标。对于学生中存在的一些小众群体，他们不能很开朗地主动地参与到学校活动中来，那么可通过对这些学生信息数据的分析研究，制定更精准的管理目标，了解他们自身的优点加以提拔，使管理效率和成效得到一个良好的发展趋势。构建良好的管理目标要依托科学化的制度，灵活地将理论基础和实践相结合。在这个目标制度下，高校学生可以更主动地参与进来，当然不完美的管理目标的制定也会让一些学生感觉难以接受，处在青春期逆反心态很强的他们，很可能以消极的态度应对管理者，所以制定相对高质量的管理目标对于高校学生管理有很重要的作用。

（二）理念影响

大数据的应用为高校学生管理者提供了更直面内心的个性化服务形式，教育者利用信息数据作为核心服务于管理思想，以新颖的方式呈现出校园信息的构建和整合。信息数据也是有它自己文化的，数据已经从虚拟不可触碰的形式演变成可控的强大资产，它以新兴的物质经济模式像货币形式一样地存在着，通过不同的层面在高校学生管理模式中，将大数据独有的文化渗透进去，达到微观决策到宏观决策的良性过渡。以人为本是教育者在高校管理中需要坚守的信念，不论是从学生的角度还是站在教师的立场上，互相扶持是必要的管理模式趋势，达到师生共同成为被管理的目标。大数据是教育者、学生和管理者之间的桥梁，它无形地牵引着每一个阶层，让大数据在教学管理中提供更好的服务。

（三）管理困境

信息数据过于简单性和表面性的收集，给原本就处于管理模式建设水平参差不齐的高校大数据，造成了不小的资源浪费，想实现个性化的教育模式就更加困难，进而影响教育进程和管理效果。高校学生在原有的管理模式中信息接收过于单一，比如在校园内衣食住行方面的信息应用只能以独立的形式存在，不能相互之间建立方便的信息链，学生们在校期间的各种情况只能依靠各信息平台独立的统计，无法将在校的所有信息轨迹做出综合准确的总结。师生在校园内的活动中产生的所有数据是评判高校管理这一重要工作的信息基础，在工作中需要努力地学习和维护管理模式，将管理系统模式的构筑与大数据相融合，将管理难度尽可能地缩小。高校学生管理要正确地建立信仰和引导价值观，教育管理模式的良性发展才能不会被破灭。

三、高校社团在大数据管理中的作用

（一）社团管理的重要性

随着新媒体数据时代的到来，各高校通过对社团的管理，可以更精准地得到学生的真实信息数据，学生通过在社团活动中展现自身的能力，将他们不常见的一面更好地展现出来，他们能够自愿加入自己感兴趣的社团组织来丰富课外的业余生活。社团的多种多样和差不多的规模构建，更便于管理部门对学生的信息资源掌控，有些学生还主动提出在社团中担任领导职务。这对于未跨出校门的学生来说是很好的历练，对学生的发展和成才起到了不可否认的重要促进作用。如何将社团管理提高到一个可观的重视程度，也是高校管理者们的必要责任，他们有义务在这个大数据潮流中，对有鲜明特点的社团给予重视。如果社团和管理之间有一个良好的互动，那么就可以针对社团管理来促进管理模式的完善与发挥。

（二）现状与问题

任何形式的管理都会遇到问题，社团管理也不能逃脱这样的命运，我国高校虽然都已普及了社团的模式，社团种类也在飞速地成立和发展着，但社团管理却在发展中举步维艰，造成这一局面的原因，主要是管理模式和社团自身的结构之间的问题。管理者的不够成熟导致原本是高校学生自发组建的社团，总是产生不必要的矛盾冲突，管理者如果不能控制好自己的情绪，那这个自愿组建的群体就会变得散漫而不易管理。最初社团的加入是学生们为了使剩余休息时间更好地利用起来，目的很直接、明确和单纯，他们从未想过社团内部也存在着责任,一旦对社团相关资料粗心地记录和未加妥善地保管,那么就会在开展管理工作时由于数据不完整而无法实现连续性。

(三)大数据下的社团管理

过去的社团活动大都以屋檐下的或户外性的参与形态出现,例如唱歌、跳舞、琴棋书画、野外郊游、社团实践等活动,这些活动要求社团成员必须以亲自到场为参与标准。自从大数据时代新媒体的广泛普及,社团活动也增添了新的活动方向,管理者可以组织社团成员通过自媒体的应用以信息技术为支持,创建了很多新鲜的社团活动,例如某高校的社团通过新媒体视频应用的便捷,组织成员不定期地录制一些短片,后期经过剪辑成微电影的形式发布在互联网上,得到了广泛关注和好评。在这一过程中,社团成员完全不需要全部在场参与,这样社团活动展现了更方便有趣的一面,管理社团也将更轻松和容易。所以说大数据下的社团管理模式,也是高校学生管理的一种必不可少的构成。

四、大数据时代高校学生教育管理的模式变革

(一)从应急到预防:教育管理预测前瞻化

长期以来,高校的学生管理模式基本上是建立一套相对完善的应急机制,以应对危机事件和进行危机干预。但是何人、何时、何地出现危机事件和产生非稳定诱因,一般是通过学生报告、辅导员排查而定。这说明,一方面预测评估结果相对滞后,当危机出现,事态已经比较严重,另一方面是可能出现疏漏。而通过可穿戴设备、移动智能终端(手机、平板)、互联网行为记录(微信、微博、网络使用)、社会活动行为记录(监控视频)、大数据存储管理和云计算等载体上记录的大学生思想行为的大数据,可以提前预测学生可能的发展趋势,并采取相应预防措施。如美国个性化教育服务公司 Desire to learn 利用其分析平台"学生成功系统",建立"信息收集、聚焦预测、科学评价、即时干预和及时反馈"的辅导员预警工作流程,可以有效改变当前辅导员预警能力不足的问题,使得管理预测前瞻化,实现了学生教育管理模式从应急到预防模式的转变。

(二)从分散到整体:教育管理决策系统化

一方面,大数据时代高效快捷的微传播、全民参与的微创作、碎片多元的微内容、公共参与的微言行正在深刻影响和改变着青年一代,行为的简单化、思维的碎片化不但改变着大学生的思想行为,而且也深刻地影响着高校的学生教育管理者。另一方面,长期以来,高校的学生教育管理工作易出现"上面千头线,下面一根针",学校党委行政,学院党委

行政、教务、学工、团委等均参与学生教育管理工作，各建信息管理系统、各搭教育管理平台，导致资源共享不足、上下沟通不畅、左右协作不力的现象，使得共建平台、共享资源、统筹协作、整体决策在实际工作中困难重重。大数据时代为改变这一现状提供了现实可行性。通过搭建共享的大数据平台，消除"数字鸿沟"和"信息孤岛"，做到资源共享；通过大数据信息渠道的有效连接，打破各自为政，实现多渠道的信息集成、跨部门的分工协作；基于大数据的大样本、全数据分析，克服了思维的简单化、分析的碎片化，形成整体思维，进而实现教育管理决策的系统化。

（三）从静止到动态：教育管理过程权变化

权变管理理论认为管理最重要的就是根据条件的变化进行反馈调整，而目前我国高校的学生教育管理模式尚以静态为主，一切按部就班，按照程序办事，而根据环境、学生的变化随时动态调整的管理策略却明显不足。学生的行为管理、学习管理、生活管理等基本上是通过考上大学填写学生登记表、期末考试填写成绩单、获得荣誉填写获奖证、大学毕业填写毕业登记表来组建，而没有对这些资料和他们的行为数据相结合进行动态的分析，事实上仅仅是起到一个记载功能，实质的管理功能发挥严重不足。权变理论认为，管理要根据对象所处的内外环境随机应变，不存在一成不变、普遍适用的"最好的"管理理论和方法。大数据为学生教育管理的权变提供了现实可能性，可实现管理的动态化，即利用可视化分析、数据分析法、预测性分析、语义引擎、数据质量和数据管理等方法进行数据挖掘，深度挖掘学生成长轨迹并进行学生行为评价，从教育方面做到精准制导，从管理方面做到动态调整，让学生教育管理过程权变化。

（四）从粗放到精细：教育管理服务个性化

在马克思主义人学的视野下，人的全面而自由的发展体现在对个体的主体性尊重、差异化对待、个性化发展。唯有针对每一个独特的人，开展个性化教育，实施个性化管理，才能真正实现人的全面而自由的发展。特别是中国经济步入新常态，个性化教育不但是个体的价值诉求，也肩负着国家创新的使命。但是目前高校的教育管理服务距离个性化服务还有不小的差距，体现在把教育对象作为普遍对象一样未加以区别对待，不尊重教育对象的独特性；未针对不同教育对象实施不同的教育管理方案，不尊重教育对象的差异性；未针对不同教育对象采取不同的教育管理评价模式，未调动教育对象的自主性；未针对不同教育对象实施不同的激励机制，未充分发挥教育对象的积极性。尊重个体的独特性和差异性，发挥学生的自主性和积极性，是大数据时代学生教育管理的当然要求。通过运用数挖掘方法来对教育原始数据进行分析处理,构建管理数据模型,对学习者的学习结果与学习内容、学习资源和教学行为等变量进行相关关系分析,一方面全过程、全方位地跟踪和掌握每一个教育者的教育发展动态,量身定制更合理的个性化教育管理策略。另一方面根据每一个个体的教育教学进程和效果反馈,提供更精细有效的个性化管理服务。

(五)从单向到互动:教育管理对象协同化

赫尔曼·哈肯的协同理论认为,一个系统从无序向有序转化的关键并不在于平衡还是不平衡,而是它的子系统的相互协同形成一定功能的自组织结构,协同意味着行为的非个人化和互动合作。[①] 当前高校学生管理呈现一种"内卷化"趋势,即管理模式经过高等教育几十年发展后基本定型,出现自我复制、停滞不前、不能转化的状态。"内卷化"在高校学生教育管理中主要体现为学生教育管理方式的单向化、教育管理人员压力化和学生教育管理组织功能的维稳化。而事实上,在哈贝马斯关于公共领域的理论看来,后现代性的来临要从"关系出发"理解本体论和认识论意义上的世界,需要关注交往行为的价值向度,充分满足主体之间的互动交往关系,实现人的主体性诉求,才能实现真正意义上的稳定。当代大学生个性张扬、渴求表达、要求参与,对于单向的教育管理权威具有本能的反叛,期待成为教育活动的互动者而不是单向接受者,在教育互动中建构存在感,渴求成为管理实践的参与者而不是冷漠的旁观者,在参与管理中体验获得感。大数据为改变单向的教育管理模式、实现互动参与的教育管理模式提供了可能。通过大数据的相关技术手段,可以达成和学生的互动交流和有效沟通,学生有机会随时随地参与学校治理;教育管理者可以做到心中有数,把简单执行调整为创新探索,变压力为动力,化维稳为维心,转单向为互动,实现教育管理的协同化发展。

(六)从经验到数据:教育管理评价客观化

能否客观科学地进行评价是管理过程的重要环节,管理评价具有十分重要的导向功能和激励功能。在教育管理过程中,一方面通过管理评价可以进行价值导向,倡导和鼓励教育的主体和客体应该做什么,禁止和约束不应该做什么。另一方面可以进行精神激励,从外在进行需求满足,动机激发,从而推动教育主体和客体产生内在的主动教育。而在此过程中,评价的科学性与客观性至关重要,如果评价不当将带来反向的导向和负面的激励。就目前的高校教育管理评价来看,存在的主要问题有二:一是因缺乏基本的数据分析和积累,教育管理评价以教育管理者的主观经验为主,评价极具随意性。二是部分教育管理评

---

① 赫尔曼·哈肯.协同学 大自然构成的奥秘[M].凌复华,译.上海:上海译文出版社,2001.

价唯分数、唯证书等唯量化论，关于价值观、思想行为的评价因缺乏相对客观的评价标准、数据，被排除在评价之外。大数据为管理评价的科学化、客观化提供了基本的数据支持和技术支撑，把传统意义上的以经验为主转变为凭数据说话。同时因为大数据、全样本的数据挖掘方法的应用，纳入教育客体的行为数据，教育发展数据，又可以避免以分数、证书等单一量化的弊端。

五、大数据环境下高校教育管理信息化的路径

（一）创新高校教育管理体制

1. 高校教育管理体制需要在信息化下进行改革

管理系统包括三个方面的内容：隶属关系的确立、组织结构的建立和管理权限的划分。高校教育管理系统是指对高校教育管理的组织结构和权力归属进行划分，划分的时候既要注重培养目标的特殊性，又要体现教学水平，更要遵循教育教学规律。这隶属于大学的管理体制。传统的大学教育管理结构是金字塔型结构，是垂直自上而下模式的，强调管理结构位于上层组织结构上的责任和权威。教育机构是这方面的代表。

教育家罗泰（Lortie）就曾经表示，在学校里面，管理权集中在最顶端，权力集中分配，按等级分配。他要求改变传统的教育管理体制，创造教育管理体制。在当今信息时代，学校的环境变得更复杂，更多样，这要求学校的管理方式既要多样化，也要兼顾个性化。传统的教育管理体制不灵活，对于内外环境的变化应对不及时，过于僵化。新技术环境冲破了原有教育结构的刚性布局，僵化的条理信息传达形成了灵活多变的结构和扁平化的信息传递渠道。因此，对传统校园教育管理体制进行改革是有必要的。在改革过程中，信息技术提供了强有力的支持，为教育管理体制改革注入了新的活力，并在学校管理组织体系中应用广泛。广大师生都是网络信息技术的拥有者，他们具备参与改革的知识和能力，是教育管理体制改革的领导者。同时，信息社会的到来，对教育管理者的素养提出了更高的要求。

2. 高校教育管理组织机构的变化

我们可以从以下几项对组织的结构进行评价：①责任性，组织的每个成员都应该对组织负责。②适应性，组织要经常随时间不断变化并进行革新。③及时性，要及时完成工作，速度要快。④响应性，对组织外部环境需求，要及时响应。⑤效率，组织成员要可靠地完成任务，还要有最小的出错率，并且要考虑到资源的经济性，简单来说就是又快又好。根

据以上几项的要求，需要一种扁平化的教育管理组织结构，对组织结构进行改革。高校教育管理是指要取消教学机构管理组织中的大部分中间管理层，加大管理组织的扁平化，以达到减少中层管理团队的目的。在大数据环境下，教育管理组织的扁平化是有可能的，也是必要的。有以下几点原因：①对组织结构进行扁平化处理，有助于充分发挥基层管理人员的能动性，给他们以更广阔的发展空间。②大量烦琐的、需要人来完成的工作，可以由计算机或者自动化设备完成。③由于网络交互性的特性，决策层和执行层的信息传递更加方便快捷，可以取消一些中间层管理机构，使得加强管理幅度成为可能。

3. 高校教育管理权限的重新划分

高校教育管理的组织环境下大数据趋于简化，但组织关系更为复杂。这是因为缩简机构，降低管理人员的数量，导致机构之间、管理人员之间以及机构和管理人员之间的关系更为复杂。系统经过发展后，会逐渐变得更加复杂。这时，如果日常管理权继续收归中央机构，它就变得难以维系，中央机构就必须把部分管理权下放到下层。

对于高校来说，高校层面是宏观层面的管理，与教学质量有效协调与控制有着密切的关系。因此，高校应对整个学校的所有专业进行很强的管理，并施行对应的方针政策，这样才能作为整个教学过程的有力保障者和支持者。管理的具体内容包括领导学校招生和分配工作，对全校教育管理的重大问题做出决策，制定学校教育管理规章制度，建立科学合理的教学质量评价体系，制订合理的培训计划，制订或修订教学计划的要求，对实习进行安排，对公共选修课和文化素质课进行安排，对学生进行管理，加强教学科研所需的信息系统以及教学基础设施的建立。当然，在这些管理活动中，老师和学生的意见不容忽视。学校管理系统的职能首先是宏观管理，其次是为教学工作提供方便，最后是决策。我们应该注意到，这些管理活动在不同部门的分工不同，赋予各部门的权限也不同，怎么分工，如何赋权，值得探讨。学校（系）级各部门层面有自己比较完整的教学管理组织结构，如有多个部门和相应的教学秘书处，对学生的工作负有特殊的责任，还有分配学校教育经费的权力、制订各学科的教学计划，负责部门课程安排、教师安排的权力；制订更加详细的专业教学，如组织的教学研究活动、教学质量评价、各种考试的组织、实验设计和实践安排；负责学院和学校的学生奖惩等处理以及院（系）、学校教学之间的协调问题等。在这一系列活动中，师生参与决策。

从高校教育管理涉及的一个系主任或部门负责人的教学，与相关负责人、副校长、主任及教职人员、教育管理人员、师生等，如何将教育管理权分配给这些人才能达到最优？

传统的教育管理权主要归校长和负责教学工作的副校长所有,教学活动在教学部门的领导下开展,老师听从院长的安排,按照同一教学纲领对学生进行知识的传授。然后教师布置要学习的各种知识,学生学会如何学习,至于要学什么,在教育管理中,谁也没有发言权。也就是说,教育管理的权威掌握在学校的领导手中,教师和学生手上基本上没有这方面的权力。为了能够让教学活动变得既有效又有趣,应该将更多的权力和更多的自由给予教师和学生。首先,让教师和学生在涉及教学层面的重大决策和决议都有评价权、提案权甚至决策权,而且这些权力应该设立具体的规章制度,进行保障。其次,对于教师,他们可以选择教学对象,研究项目,并得出自己的结论;对于学生,在正确的学习方法指导的前提下,具有选择选修课程的自由、选择相关的专业的自由、选择教师的自由和选择学习内容的自由,并且能够形成自己的自由思想,参与教育管理评价。

(二)改革和完善高校教育管理

1. 引入先进的管理思想

只有在先进管理理念的指导下,教育管理才能发展起来。在信息化时代下,高校教育管理者除了要具备教育管理能力外,还应具备先进的管理思想:

第一,主动适应的思想。主动适应的思想是指教育管理工作应主动适应社会发展需要的人才培养,随时随地捕捉信息社会对人才的需求,及时调整教育管理思路,顺应时代的潮流。主动适应性思维将成为高校教育管理的指导思想,教育管理的主动适应性思维是强调适度分权,针对内部要素和外部环境的变化采用灵活的态度来应对。

第二,以人为本的理念。学校管理的中心工作是教育教学管理。以人为本的管理理念,首先体现在管理过程中强调人的主体地位,使得教师和学生在工作和学习的过程中,在参与管理活动的同时,也提高身心、能力、知识等。教师和学生的创新使巨大的潜力得以发挥。因为学生是学习的主体,教师是教学的主体,他们的创造性、积极性的潜力,对于提高教育管理的质量起着举足轻重的作用。因此,在管理过程中要以充分发挥和调动教师和学生的创造性和主观能动性为根本,在所有的管理活动要注意到各个方面,这样才能提高教学质量。

第三,全面质量管理思想。从根源上说,全面质量管理的思想可以追溯到美国各公司的管理思想。全面质量管理(total quality management),按国际化组织(ISO)的定义是指,一个组织以质量为中心,以全员参与为基础,目的在于通过让顾客满意和本组织所有成员及社会受益而达到长期成功的途径。在高等院校的教育管理中实行全面质量管理,主要包括以下几个方面:(1)全过程的质量管理。要保证以教育目标为中心,有序地开展教育教学活动,就要管理各个教育教学环节的质量,并对各环节的"接口"进行管理,并抓住教学教育过程的各个环节,确定各个环节达到预先设定的质量标准。(2)全方位的质量管理。要进行综合性的管理,只要是影响或涉及教学质量的环节和因素就要考虑。比如说对后勤服务部门、管理部门自身等部门的工作质量进行管理,它们的工作都会影响到教学质量和教学工作,这是我国高校的实际情况。(3)全员的质量管理。学校的各个部门、每一位成员(包括全体教师和学生)都应该积极主动地参与到质量管理之中,努力提高自己的工作质量,以培养高素质的专门人才。

2. 利用信息化手段改革教学计划的管理方式

要深化教学改革,第一步要做的就是改革教学计划,只有好的教学计划才能保证好的教学质量。制订好教学计划,是建立教学体系、安排教学任务、组织教学过程的基础。教学计划一般是在国家相应教育部门的指导下,考虑全局效益,由教育学家或相关人员独立制订的。教学计划在一定时期内可以符合教学规律,一段时间内稳定不变,但从长远的角度来看,也要不断进行及时调整和修正,能够适应社会的新发展以及经济和科学技术的进步。

教育管理者还要改变传统的教学观念,及时修改和调整教学计划。原因有以下几点:一是从社会对人才的要求来看,是因为当今科学技术和社会经济人才发展的要求越来越接近,要综合社会对人才的要求来制订教学计划。二是从人才的成长来看,大学也只是学习的一个阶段,是终身学习的重要组成部分,而不是学习的终点,所以在大学阶段,既要学好专业知识,更要学会学习,还要学会生存,学会共同生活,学会做事,也要注意创新能力和创造能力的培养。三是从整个世界来看,中国已经加入WTO,经济全球化的趋势发展迅猛,中国的人才要走向世界,在整个世界上进行竞争,中国教育也要注意国际化人才的培养。

信息化时代要求我们紧跟时代潮流,准确预测社会对人才要求的改变,培养符合国家要求的人才。要达到这一目标,我们应该充分利用信息技术,制订教学计划,并对其实时监控和及时反馈,制定对教学方案的评价标准,使高校毕业生尽量满足社会的要求。

3. 大数据环境下高校教学计划的制订

第一,教学计划应该满足以下几点要求:

(1)客观性。要尽量按社会主义市场经济的要求,设计多种人才培养模式,也要尽可能多地考虑到未来环境的变化，设计出多种智能结构。

（2）灵活性。学生要找到适合自己发展潜力的模式，学校要尽可能提供不同种类的多种模式。具体方法可以参考以下建议：学分制方面，可以采用完全学分制。随着信息技术的不断发展，远程高等教育也得到了长足发展，任何科目、任何内容，学生都可以借助网络进行学习，不限于时间和空间；在安排教学时，信息技术应该被充分利用，学生有一个充分选择的空间，也要针对不同学生的不同特点设计符合其个性的教学过程；应该将学生培养成这样的人才，整体素质高，基础知识扎实，专业能力也不差，注重知识的全面发展，能借助网络拓宽自己的知识面，具有终身学习的能力。但是，必须承认大学生的各种类型的要求不可能有一个统一的标准，我们要鼓励自由发展。

第二，制订教学计划的一般程序。进行更广泛的社会调查，根据经济和信息技术中使用的人才技术发展的需求，对培养目标和业务类示范专业做分析；了解有关文件精神和规定的注册研究；提出的意见和部门的学校教学计划的要求；(所)主持制定教学纲领，系(院)教学委员会进行审议，由学校教学工作委员会复审核查，核查签字后由执行校长签字确认。

第三，大学教学计划的内容，主要包括以下两个方面：确立合理的专业培养目标，设置合适的课程。因为专业培养目标的质量标准、课程的设置与人才的发展息息相关。此处主要研究培养目标的确立与课程的设置。在专业设置和专业培训目标的确立上，主要应用了调查的方法。调查的基本步骤包括：①凭借履历或理论分析提出若干备用的选项。②发放调查问卷，让被调查者在备用的选项中选择自己的意见或建议。③对调查结果进行统计分析，按照被选择次数的多少对各个选项进行由多到少排队。④制定一定的规则，看看哪个选项应该占的比重较大。在整个过程中，要充分利用信息技术，借助网络收集信息，收集完后可以借助计算机对调查信息进行统计分析，得出结果。同时还应注意以下几个方面：一是要进行可靠的预测，对毕业生的就业情况有一定把握，毕业生只有满足社会的要求，高校才能有较高的就业率。二是引入更多的优秀教师，完备实验仪器和必要的书籍，生活设施也应该尽量完善。三是要有尽可能宽的口径，形成宽口径专业教育模式。目前的情况是教学信息越来越容易获取，学习知识也变得更加容易，但是要进行知识的重组和创新却变得比较困难，所以我们要重点训练学生的综合素质。四是要有学校自身的特点，学科建设要结合学校的地域优势和传统优势学科。五是考虑到专业的冷热门问题，并及时调整，满足需求。

在信息时代下，高校要实施教育教学管理可按照以下几点来做，在这之前首先要肯定的是，应保持相对稳定和严格地执行教学计划。为此可以指定以下两条准则：一是通过注册表或系统执行制备的一年，将其分为学期教学计划和年度教学计划，制定工作表，安排好每个学期的教学任务、教学教室等。另一个是由相关部门制订教学组织计划，如社会实践计划、实习计划、实验教学计划、培训计划等。要制定适当的政策和环境以及保证教学基础设施，还要有教育管理和教师、学生相配合，这分别是教学计划顺利实施的内外部条件。在这个过程中要把握五个方面：一是要切实维护教学计划的严肃性和权威性，严格遵守教学计划，可以进行适当调整。二是在具体的实施过程中，严格选择计划材料，遵照教学大纲的要求。三是加强教师群体的力量，确保教学第一线与教学计划一致。四是制订教学质量评价方案并严格监测执行，可以借助信息技术建立自动的监测和反馈系统。五是教学组织与管理要严格按照教学计划进行。

4. 改革学生的培养方式与管理模式

信息时代要求人才具有更高的素质，改革人才的培养方式和管理模式是必要的。信息技术为教学改革提供了条件，网络教育的重要贡献是它能使每个人都找到适合自己的学习方法，它也能使每个有抱负的学生梦想成真。在未来的学习环境中，每个学习者都是特殊的。大数据环境下改革学生的培养方式主要体现在以下三个方面：

一是在教学中要促进"参与式"（也称合作教学或合作学习）的教学方法。这种教学方法以提问式教学、开放性内容为特征，问题无标准答案，作业、论文也很少甚至没有，能带给学生自由思考的充足时间和空间。利用网络技术和计算机技术收集相关信息来解答问题，通过对问题的解答过程来完成学习的过程。在这个过程中，学生不仅掌握了借助网络解答各种问题的能力，而且最后学会了与问题有关的知识。同时，针对不同的学生，基础和综合研究推广三层次的学习和培训，因材施教，针对学生自身的特点确立合适的培养目标，设计并制订严格的学生学习计划，尽可能让每一个人都能得到很好的发展。

二是努力培养学生的社会实践能力，加强实践教学。很多情况下实践和实验资源的不足会影响实践教学的水平。那么在资源不足的情况下，我们应该怎么做？我们可以利用计算机和网络编制软件，这个软件具有虚拟实验室的功能，学生可以模拟操作。如利用计算机软件在虚拟实验室中解剖青蛙（数码青蛙）等。虚拟实验室的优点是成本低，而且如果实验失败，方便重来，学生可以反复练习，直到熟练掌握；也可以模拟实验现场肉眼不可见或实验过程非常危险或实验环境确实难以建立的情况，来尽量满足实验的要求。

三是鼓励学生跨学科学习，培养全面型人才。当今社会，随着信息技术的发展，新的学科不断涌现，这些学科大部分是由学科交叉形成的。建立交叉学科培养机制，培养学生跨学科学习。在基础学科和谐的高校中，打破不同专业教育壁垒，要创建跨学科教学的培养机制，可以借鉴国外成功的跨学科教学的经验。具体实现过程如下：以培养计划为基础，为学生选定必修课程，这些课程是跨学科的，包括文学、理学、工学等多个领域，以此来培养学生的综合分析能力，激发学生的创新能力；要提供多种专业、多类课程、多个教师供学生选择，这样学生就能根据个人兴趣制定自己的培养目标，进行自主学习；让学生跨部门、跨专业、跨班。高校应完善相关课程，抓住交叉的学科的新增长点，组织多学科的力量开展教学，配备必要的教师，形成跨学科的教学模式，培养学生的创新意识，引导学生勇于探索新的领域，全面发展自己。

在学生培养模式改革的基础上，对学生的管理方式也发生了很大变化。目前，大多数高校实行学分制，这是在计划经济时代就已经形成的管理模式，灵活性不够，刚性太强，共同约束力也太多。在当今大数据环境下，我们更加提倡注重学生个性化的管理模式。教师管理系统以学生为中心，学生为主导，教师为辅助，建立学生服务中心。具体操作有：一是建立心理咨询、急救救援、工作研究、学习指导机制，建立相应的社区管理部门。二是以学生宿舍为基础，取消班级，由 8~15 名学生与老师形成一个整体。三是由研究生或高年级优秀学生协助管理学生，为学生提供指导。这种管理模式可以实现学生的自我教育、自我管理、自我服务，有利于培养学生的综合能力，帮助学生积极发展。

第二节 有效利用网络

互联网已成为高校学生管理工作中不可或缺的一部分，它在给高校学生管理工作带来机遇的同时也带来了挑战。如何充分发挥其独特优势，消除具体工作实践中的局限性，创新管理模式，将是新时代下高校学生管理工作取得成功的关键。

一、什么是网络化平台

"网络化平台"指的是在对计算机网络进行应用的前提下，处理各方面的工作。

本节研究的主要是处理学校中的一些事项，主要包括硬件和软件两种设施。在各个区域网的基础之上将所有的支持服务系统提供出来，通过系统将工作内容的开发工具提供出来，可以导入多种类型的文件，将连接和有机整合的功能提供出来，对各项工作进行全面、系统的管理。可以说，网络在很多领域内都能作为一种管理的工具，可以快速地添加、赋予和删除不同的权限，并且是一种高效的交流工具，对各种功能都能够很好地予以满足。

二、网络时代高校学生管理工作特点

（一）管理层次多元化

各个高校在发展过程中所使用的传统管理模式主要以"自上而下""单项管理"为基础进行，而这种管理模式的范围局限于管理者与学生之间，导致管理工作质量与效率提不上去。在这个网络社会中，学生的生活方式、学习模式等都得到了全方位的改善，并为学生的生活空间增添了全新的虚拟网络空间，这在一定程度上会导致高校所开展的学生管理工作朝着多元化的方向发展下去，管理者不仅要关注学生的校园生活，同时还应该加强对校园生活的管理，为学生营造一个健康、积极向上的网络生活和学习环境。

（二）管理手段多样化

高校学生传统管理手段较为单一，所开展的管理工作也呈现出模块化的管理现象，不能对学生进行有针对性的管理，就导致管理工作质量与效率提不上去。在当前的网络时代中，学生管理者可以建立网络管理平台，通过科学、合理的手段加强对学生的管理，了解学生的生活、学习状态，找出其中存在的不足，并及时为其制定有效的解决对策。另外，管理者在管理期间还应该充分利用学生与网络之间的关系，根据学生的性格、特长、爱好等制订出对应的网络教育方案，加强对学生的教育管理。

（三）管理复杂化

现阶段，我国各个高校在发展过程中都建立了属于自己的校园网络，但是现有的网络环境对于学生管理工作来说增添了管理难度，使得学生管理全过程更加复杂。高校要想提高学生管理工作的质量与效率就应该深入到校园的网络空间中去，了解学生生活、学习状况，并以此为基础为学生设计出科学、合理的模式，并对学生进行有针对性的管理。另外，在这个虚拟网络环境中，学生的思想感情也正朝着虚拟化的方向发展，要想从根本上解决这一问题，就应该将对学生的现实管理与网络管理体系进行有效的结合，对学生进行有针对的管理，提升学生管理工作质量与效率。

三、学生管理网络信息化平台建设的必要性

（一）提高工作效率与管理水平

高等院校是一个国家教育的主体，关系到国家的经济与社会发展。高校的最终目标是

为国家输送高质量的合格人才，为国家的发展建设服务。对高校学生的培养不仅在于各种专业知识的传递及操作技能的提高，还在于大学生身心的健康发展以及综合素质的提升。作为学生心灵导师和日常事务管理者的辅导员教师在学生培养中的作用越来越明显。而越来越多的日常事务需要应用信息技术、网络技术。

高校的学生教育管理是高校的核心工作和基本任务之一，也是高校学生工作得以开展的基础。应用信息技术、网络技术实现高校学生管理信息化、网络化管理是搞好学生管理工作的一个有效手段。利用综合管理信息系统对各类信息进行自动处理，把处理结果置于互联网上，全校师生可根据自己的权限进行查询和处理等相关操作，能快速准确地传输信息、更新信息，使学校职能部门和各院（系）之间、管理工作者与学生之间数据保持实时一致，大大提高工作效率，使学生管理工作队伍从重复而繁杂的事务性工作中解脱出来，真正把学生管理工作落实到"育人"这一核心任务上来。同时工作效率的提高便于克服重心错位，即各部门忙于应付具体事务性的工作，而无暇对整个学生工作进行协调与把握等的不足，有利于工作环环相扣、层层递进，以提高高校各管理部门的管理水平，使整个工作群体形成团队意识、协作精神。

（二）优化学生工作事务管理流程

高校学生工作包含着大量的事务性工作内容，如国家助学金、助学贷款、勤工助学、临时困难补助、评优评先等。这些事务性工作在传统工作流程中一般通过学校学工部或其他职能部门向院（系）布置，由院系向学生传达后再进行反馈。该工作流程呈现一种线性形态。而信息化管理平台就是要优化这种流程，使学校有关职能部门、院（系）、学生三者之间通过管理平台实现交互，实现发布信息、接收、反馈的便利、快捷，有关单位（部门）和个人按照相应职能完成工作流程中的事务。而且，在网站模式下这种流程管理超越了时间和空间的限制，赋予了各主体最大的自主权和灵活性。针对当前我国高校多校区办学的特点，信息化技术在学生管理和各职能部门的协调上的应用将具有更现实的意义。

四、网络对高校学生管理工作的影响

随着信息技术的发展，互联网作为一种新媒介已成为大学生工作、学习与生活不可缺少的一部分，在高校已经很难找到从不上网的学生，网络行为越来越成为大学生的一种生活习惯。而作为网络的主要使用者，大学生的意识形态及行为方式也深受网络的影响，他们逐渐倾向于在网上发表自己的各种看法、愿望和意见等，并开始通过网络行为来表达对与自己息息相关的学生管理工作的关注和诉求。在实践中，网络技术也不断地被运用到高校学生管理工作中，这给我们的工作带来了机遇，但也伴随着挑战。一方面，网络技术的应用使学生管理工作变得更高效、便利且人性化，但另一方面，由于网络自身虚拟化等特征，也使我们的教育管理环境变得更复杂，这对高校学生管理人员提出了新的要求。如何运用好网络这把"双刃剑"，充分发挥其独特优势为育人管理服务，将是高校学生管理工作能否取得新突破的关键。

五、利用网络平台强化对学生的管理

在对学生进行管理的过程中，网络平台的构建对于强化学生的管理工作带来了巨大的帮助，其中主要应用在这样的几个层面：

（一）强化了学生思想管理工作

思想能够影响一个人的行为。尤其是对于学生来说，他们的思想还存在着一些不成熟的方面。学校利用网络平台，可以将社会上最新的消息传递给学生，使学生第一时间就可以接受最为先进的思想引导。此外，学生因为在学习过程中会经常遇到这样或那样的困难，思想波动的情况会时常发生，这样教育人员利用网络将学生反映出来的情况及时地进行汇总，将合理的方案制订出来，可实时关注学生的思想变化情况。

（二）强化了学生心理健康教育

不管是哪一阶段的学生，都容易出现心理上的波动，这对学生的身心健康的发展都会带来严重的负面影响。加之网络技术的出现，虽然丰富了学生的视野，但是由于很多学生迷恋网络，而迷失了方向，心理上也蒙上了一层黑雾一时难以散去。面对这样的情况，学校利用网络平台对学生的这种不健康的心理可以进行正确的引导，用健康的网络来代替那些不良的网络信息，通过网络信息对学生的心理特点和思想脉搏进行有效地掌握。

（三）强化了对学生学习上的管理

学习是学生的本职。随着教育改革的不断深入，传统的教学方式已经很难适应社会的发展，为了丰富学生的视野，学校的网络平台在其中发挥了极大的作用。网络平台被各个学校运用之后，可以为学生提供更为活跃的课堂氛围。利用网络平台将学生的个人信息和学习情况输入到网络当中，这样，教育者可以对学生的学习情况及时地予以掌握，如果学生某个知识点没有理解可以通过网络及时地到老师那里寻求帮助，老师会第一时间为学生们进行解答。从某种程度上来讲，网络平台的搭建为老师管理学生的学习与学生及时地寻求老师帮助之间架起了一座桥梁。

（四）增强学生的凝聚力

在现阶段的一些班级当中，很多学生都是独生子女，他们以自我为中心的理念非常强烈，缺乏团结友爱的精神，在面对这样的学生时，班级管理者显得有些力不从心，管理起来会非常吃力。如此一来班级就会如同一盘散沙，对学生各个方面的发展都会带来严重的影响。随着网络平台在学校中的应用，教师可以通过学生的网络信息及时了解他们的真实情况，对于出现的问题，可以有针对性地进行解决。并且，教师可以根据网络平台，构建起团体性的活动，使学生能够经常团结在一起，不断地通过网络上的集体活动，增进同学之间的友谊。这样，学生的凝聚力就会被慢慢地培养起来。

六、网络时代下高校学生管理工作的新举措

（一）利用校园网络，加强对大学生的心理健康教育

目前，绝大多数高校相继建起了校园网，我们可以充分利用这一有效资源，加强学生的心理健康教育和心理咨询工作。利用网络，我们可以建立心理健康网站，开设一些诸如"心理测验""健心房""心理健康的标准""正确看待心理咨询"等知识的小栏目，帮助学生了解什么是心理健康及其重要性，懂得出现哪些情况需要进行心理咨询。更重要的是，利用网络，可开辟网上心理咨询专栏。网上心理咨询避免了"上门"进行面对面咨询的难堪或害羞，其保密性、隐蔽性强，为学生自由地不受地域限制地接受心理咨询提供了方便。同时，网上咨询图文并茂，生动活泼，气氛轻松，交谈的双方不需要直接见面，学生不必担心暴露身份，可以坦诚个人隐私，更便于经验丰富的心理教师进行对症心理辅导，可以起到事半功倍的效果。

（二）增强学生网络法治意识，加大网络文明建设力度

在20世纪末互联网进入高校时，我国关于网络的相关法律法规并不完善，高校对大学生网络法治意识与网络文明的宣传教育力度不足，加上对大学生的网络行为缺乏正确、有效的引导，导致大学生普遍的网络法治与网络文明意识不强，从而造成大学生网络行为规范的缺失。高校作为大学生网络法治与文明建设的主要场所，并未有效占领网络法治文明系统建设的前沿阵地，未能形成良好的校园网络文化氛围。

针对这一现象，首先，国家已根据网络发展的新情况和新问题，及时制定和出台了一系列能适应网络环境快速发展的新法律法规，不断提高打击网络犯罪与网络不文明行为的

能力。高校学生管理人员要加大对学生开展网络普法教育、网络安全教育和文明上网教育的力度，积极引导学生以遵纪守法为荣，对有关网络法律问题进行主动思考，如利用社会上的一些典型案例教育学生触犯网络法律所应承担的法律责任，以示警醒；同时，可在学校相关网站或BBS社区上开辟寓教于乐的法治教育网页，设立在线互动答疑等栏目，发动学生积极地参与对网络违法现象与不文明行为的深入探讨，在潜移默化中提升大学生的网络法治与网络文明意识。其次，必须坚持他律与自律的有机结合，倡导在学生群体中形成互相监督、文明合法地使用网络的氛围。杜绝学生对网络违法与不文明行为的互相包庇与谅解，使学生分散的网络文明行为凝聚成有组织的共建网络文明的行动。在这一过程中，应充分发挥学生中党员的模范带头作用，培养一支政治立场坚定、作风正派、网络技术过硬的党员队伍充当网络文明使者，利用他们来自学生当中便于与学生沟通、易于被学生接受认可的优势，引导好大学生的主流价值观，使他们肩负起宣传网络法律法规、倡导网络文明的重任。

（三）建立一支具有网络时代意识与过硬网络技能的学工队伍

高校学生管理面临的环境发生了变化，网络信息技术的快速发展对传统的高校学生管理理念与方式提出了新的要求，这是新时期高校学生管理工作必须正视的现实环境。学生管理人员要想有足够的能力应对在新的教育管理环境中出现的新问题，必须强化自身的信息素质，提高现代网络技术应用的能力，才能充分利用网络资源优势，拓宽高校学生管理工作的空间，增强学生管理工作的针对性和实效性。

作为高校学生管理者，要抢占网络高地，建立属于自己的网络构架。注意网络社团、BBS社区、微博、QQ、微信等网络媒介在工作中的运用，努力实现班级管理网络化，提高工作效率，使大学生表达的意见有机会更直接地接近管理中心，从而改变以往信息不畅、具体管理工作、措施与现实脱节的被动局面，要增强学生管理工作的针对性和科学性。

此外，传统的教育理念，学生对老师都既敬又畏，在老师的面前难以敞开心扉，难以真实地表达出自己的所思所想，这样的情况导致管理者对学生的思想难掌握、问题难发现，久而久之师生关系也由此而渐行渐远。而网络隐秘性与虚拟性的特征使网络交流少了现实中面对面交流的尴尬和顾忌，现在大部分学生都热衷于通过网络平台来表达自我，很多时候都会把自身的心情、心态或者对事件的观点即时通过网络来宣泄。多关注学生在网络上发表的信息，可以及时掌握学生的思想动态，从而"对症下药"，将一些不良的思想遏制于萌芽状态。相对于以往传统、低效的育人管理环境来说，当前高校教管工作成败的关键，在于管理人员是否能够在第一时间准确地获取高质量的信息，只有在知己知彼的情况下才能做出正确有效的决策。

（四）充分利用网络资源，加强对学生的服务工作

在现阶段的实践中，网络技术与资源在高校学生管理工作中的应用还处于初始阶段，很多方面还没有落到实处。要切实在网络上开展学生管理工作，必须坚持管理与服务相结合的原则。一方面要加大校园网络的信息量，在校园网络平台上，除了能查询到学校的各种方针政策、规章制度和通知等常规信息外，还应包含各种大学生常用的学术、生活社交网络资源，努力把校园网络建设成为一个便于大学生学习、生活的综合性平台。另一方面，多拓展针对学生的网上服务空间，如开展网上心理咨询、网上就业信息咨询、勤工俭学信息、网上社团活动等，努力利用网络自身具备的优势特征来消除某些管理工作或服务在现实操作中的局限性，开创高校学生工作的新局面。如大部分心理有问题的学生都不太善于交流和沟通，而网络可以为了解学生心理动态和进行心理咨询提供一个全新的平台。通过网上心理咨询服务，可以消除面对面的尴尬，避免现实交流带来的障碍，可以慢慢地深入问题学生的心里，使其敞开心扉地宣泄内心的情绪问题，从而使教育管理者可以准确地引导学生的行为，为更顺利地开展学生心理工作提供良好的条件。

（五）注重"网上管理"与"网下管理"的结合

作为一个高校学生管理工作人员，无论信息技术发展如何迅猛，网络技术与高校学生管理工作结合得如何紧密，我们必须明确：学生管理工作不是在做"虚拟世界"的工作，而是在做"虚拟世界"背后的学生主体的工作。利用网络平台开展高校学生管理工作要做到"网上管理"和"网下管理"相结合，做到以情感人，以理服人。同时，要加强校园现实的软件和硬件建设，增强现实空间对学生的吸引力。很多同学沉迷于网络的虚拟空间，主要也是由于在现实世界中，他们的很多想法和诉求都得不到满足，只能在虚拟世界里寻求慰藉。为避免这一局面的出现，学校要多开展受学生欢迎、易于学生接受的校园文体活动，尽可能使所有学生的心理诉求能在现实中得以满足，让他们有平台与机会能各尽其能，从而增强现实校园对学生的吸引力，增强学生的幸福体验。

综上所述，随着信息时代的到来，在人们生活或学习的各个领域当中都能看到互联网的影子。互联网在各个层面和领域当中都有所渗透。互联网用其多种功能不断地丰富着人们的生活和阅历，将各种思想和信息有效地进行传播，因此必将在学生的教育和管理工作

中发挥着不可代替的作用。现阶段的很多学校，鉴于学生不断增长的网络需求以及互联网极强的功能，在学校中建立起很多供师生学习与生活使用的网络平台，而这些网络平台在以上提及的两项工作中发挥了不可代替的作用，使工作的效率逐渐地被提升了上来。

参考文献

[1] 谢双. 创新创业视角下高等农林院校教育管理创新探索——评《高等农林院校大学生就业创业指导》[J]. 林业经济，2022，44(12)：102.

[2] 胡黎香. 教育供给侧改革背景下大学生教育管理探究[J]. 山西青年，2022(24)：162-164.

[3] 陈橄榄. 疫情防控常态化下大学生流动党员教育管理的现实矛盾与化解策略[J]. 吉林教育，2022(35)：90-92.

[4] 邵晨. "以人为本"理念下的大学生教育管理创新研究[J]. 科教导刊，2022(33)：131-133.

[5] 陈锋华. 福建高职院校女大学生创业教育管理研究[D]. 福州：福建师范大学，2020.

[6] 王晓艳，梅俊强. 基于创新教育理念的大学生教育管理[J]. 山西财经大学学报，2022，44(S2)：61-63.

[7] 刘明辉. 当代大学生日常教育管理工作的现状及对策研究[J]. 公关世界，2022(20)：116-118.

[8] 陈文婷. 大学生教育管理与思政教育的共融性分析[J]. 中学政治教学参考，2022(38)：82.

[9] 屈增，张秋萍，牛源渊. 柔性管理理念在大学生教育管理中的应用策略[J]. 现代职业教育，2022(35)：92-95.

[10] 周宇宁，廖肇银，沈杨. 今朝奋楫勇争先——九江学院加强退役复学大学生教育管理侧记[J]. 江西教育，2022(30)：46-48.

[11] 张赛婷，徐克红，郑雪. 管理激励与约束理论在大学生思想政治教育管理中的应用[J]. 才智，2022(26)：42-45.

[12] 应思苪. "00后"大学生"躺平"心态及教育管理策略探讨[J]. 太原城市职业技术学院学报，2022(08)：171-173.

[13] 邓珂. 家庭经济困难大学生就业创业教育管理工作模式探索[J]. 就业与保障，2022(08)：136-138.

[14] 马迪. 新时代下大学生教育管理模式的创新研究[J]. 人生与伴侣，2022(31)：50-52.

[15] 李寿星. 基于法治理念的大学生教育管理改革探究[J]. 大学，2022(23)：157-160.

[16] 孙凯军. 基于创造力价值链的国内外大学生创业教育管理体系分析[J]. 中国多媒体与网络教学学报(上旬刊)，2022(08)：151-154.

[17] 王菲. 新建本科院校大学生心理健康教育管理研究[D]. 昆明：云南财经大学，2020.

[18] 王尘. 新常态下大学生安全教育管理问题研究——评《大学生安全教育与管理》[J]. 中国安全科学学报，2022，32(07)：207-208.

[19] 林荣华. 校外住宿大学生的教育管理研究[D]. 西安：西安电子科技大学，2019.

[20] 丁志明. 浅析柔性管理理念下的大学生教育管理[J]. 大学，2022(13)：48-51.